© Verlag Zabert Sandmann
München
2. Auflage 2008
ISBN 978-3-89883-213-7

Grafische Gestaltung	Georg Feigl, Jürgen Endriß (Netzwerk GbR)
Rezeptfotos	Susie Eising
Foodstyling	Monika Schuster
Porträtfotos	Alexander Haselhoff
Rezeptbearbeitung	Monika Reiter, Gerlinde Reiter
Redaktion	Eva-Maria Hege, Alexandra Schlinz, Kathrin Ullerich
Herstellung	Karin Mayer, Peter Karg-Cordes
Lithografie	Christine Rühmer
Druck & Bindung	Mohn media Mohndruck GmbH, Gütersloh

 Beim Druck dieses Buchs wurde durch den innovativen Einsatz der Kraft-Wärme-Kopplung im Vergleich zum herkömmlichen Energieeinsatz bis zu 52% weniger CO_2 emittiert. *Dr. Schorb, ifeu.Institut*

In Zusammenarbeit mit dem Bayerischen Fernsehen
mit Lizenz durch die BRW-Service GmbH

Besuchen Sie uns auch im Internet unter www.zsverlag.de

Schuhbecks

MEINE KÜCHE
DER REGIONEN

ZABERT
SANDMANN

Regionales mit persönlicher Note

Ich bin mit Leib und Seele ein bayerischer Koch. Dieses Land und seine Traditionen haben mich geprägt. Zwar bin ich schon ein bisserl herumgekommen in der Welt, aber nirgendwo finde ich so viele Anregungen für meine Küche wie hier, vor meiner Haustür. Und wissen Sie, warum das so ist? Ganz einfach: Weil Bayern nicht gleich Bayern ist.

So bunt, abwechslungsreich und vielseitig wie das Land ist auch seine Küche. Und wie die Menschen, die hier leben: die Ober-, Unter- und Mittelfranken, die Schwaben und Oberpfälzer, die Nieder- und Oberbayern. Bayern war immer ein Land der Wiesen, Weiden und Almen, der Flüsse und Seen, Berge und Weinberge. Aus dem, was hier der Boden hergab, aus der Milch und dem Getreide, dem Fleisch aus Stall und Wald, den Fischen und Früchten haben unsere Vorfahren das Beste gemacht. Mit den wenigen Mitteln, die man früher hatte, dafür aber mit viel Liebe und Fantasie. Das war bei unseren Nachbarn im Salzburger Land oder auch in Südtirol jenseits der Alpen nicht anders. Daraus ist eine reiche, wunderbar g'schmackige Regionalküche entstanden. Eine kulinarische Welt voller Knödel, Nockerln und Strudel, Würstel, Gröstl und Braten, abgeschmeckt mit Bier, Wein oder Rahm. Und mit den Kräutern aus dem eigenen Garten.

Manch köstliche Tradition von einst ist in Vergessenheit geraten. Das finde ich schade, und deshalb möchte ich sie gern wieder ans Licht holen. Weil die traditionelle regionale Küche moderner ist denn je. Was bei uns in der Gegend gedeiht, das kommt frisch auf den Markt. Jede Jahreszeit hat ihre Überraschungen, sie deckt uns den Tisch immer wieder neu! Und wenn wir mit dem kochen, was die Umgebung hergibt, dann essen wir automatisch abwechslungsreich, vielseitig und gesund. Und dem Geldbeutel gefällt's auch.

Es muss wirklich nicht immer Hummer oder Gänseleber sein. Haben Sie schon einmal Deggendorfer Knödel gegessen? Oder ein resches fränkisches Schäufele? Und wissen Sie, was sich aus ein paar Kartoffeln so alles zaubern lässt? Oder mit ein wenig Mehl, Butter und Eiern? Gerade heutzutage, wo wir nicht mehr so viel Zeit haben, ist weniger oft mehr. All diese bodenständigen Rezepte habe ich natürlich ein bisserl auf meine Art verfeinert und überraschend neu gewürzt. Damit sie in unsere Zeit und zu unseren Gewohnheiten passen – und dennoch ihren Charme behalten.

Das Abenteuer Küche liegt direkt vor unserer Nase. Das ist nicht nur in Bayern so. Jeder Bummel über den Wochenmarkt, jedes erntefrische, mit Liebe und Hingabe hergestellte Lebensmittel ist eine kleine Sensation. Und wenn Sie mit mir zusammen daraus noch etwas Gutes kochen – ja, dann brauchen wir doch gar nicht mehr in die Ferne zu schweifen, um das Glück zu finden, oder?

Ihr Alfons Schuhbeck

Mainfranken & Franken

Lauwarmer Bratwerschtla-Salat
mit Kopfsalat-Dressing

Zutaten für 4 Personen

Für das Kopfsalat-Dressing:

3 mittelgroße Kopfsalatblätter

80 ml Gemüsebrühe

2 EL Rotweinessig

1 TL scharfer Senf

1 EL Tafelmeerrettich

(aus dem Glas)

4 EL Rapsöl

1 EL mildes Olivenöl

Salz · Pfeffer aus der Mühle

Zucker

Für den Bratwerschtla-Salat:

300 g kleine festkochende

Kartoffeln · Salz

1/2 TL ganzer Kümmel

Pfeffer aus der Mühle · 2 EL Öl

getrockneter Majoran

gemahlener Kümmel

2 EL braune Butter

(siehe Tipp S. 34)

200 g Brokkoli

1 Bund Minikarotten

250 g grüner Spargel

80 g breite grüne Bohnen

mildes Chilisalz

400 g fränkische Rostbratwürste

1 Für das Kopfsalat-Dressing die Salatblätter waschen, trocken tupfen und klein schneiden. Brühe, Essig, Senf, Meerrettich und die Salatblätter mit dem Stabmixer verrühren. Nach und nach beide Ölsorten dazugeben und untermixen. Das Dressing mit Salz, Pfeffer und 1 Prise Zucker abschmecken.

2 Für den Bratwerschtla-Salat die Kartoffeln waschen und in kräftig gesalzenem Wasser mit dem Kümmel weich garen. In ein Sieb abgießen, abkühlen lassen und halbieren.

3 In einer Pfanne 1 EL Öl erhitzen und die Kartoffeln darin bei mittlerer Hitze rundum goldbraun braten. Mit Salz, Pfeffer sowie je 1 Prise Majoran und Kümmel würzen und 1 EL braune Butter dazugeben.

4 Den Brokkoli putzen, waschen und in die einzelnen Röschen teilen. Die Brokkolistiele schälen und in Scheiben schneiden. Die Karotten putzen und schälen. Den Spargel waschen, im unteren Drittel schälen und die holzigen Enden entfernen, die Spargelstangen jeweils schräg in 3 bis 4 Stücke schneiden. Die Bohnen putzen, waschen und schräg in 1 bis 1 1/2 cm breite Stücke schneiden.

5 Alle vorbereiteten Gemüsesorten nacheinander in kochendem Salzwasser bissfest garen. Abgießen, kalt abschrecken und abtropfen lassen. Das vorgegarte Gemüse in einer Pfanne bei mittlerer Hitze erwärmen, mit etwas Chilisalz würzen und die restliche braune Butter dazugeben.

6 Das restliche Öl in einer Pfanne erhitzen und die Rostbratwürste darin bei mittlerer Hitze rundum braten. Aus der Pfanne nehmen, auf Küchenpapier abtropfen lassen und halbieren.

7 Das Gemüse auf Teller verteilen, die Kartoffeln und die Rostbratwürste darauf anrichten. Mit dem Kopfsalat-Dressing beträufeln und nach Belieben frischen Meerrettich fein darüberhobeln.

Grupfter

mit geröstetem Bauernbrot

Zutaten für 4 Personen

100 g Camembert
100 g Romadur
3 Frühlingszwiebeln
je 1 EL Korianderkörner
und ganzer Kümmel
1 EL Salz · ½–1 TL fein
gemahlenes Kaffeepulver
200 g Frischkäse · 5 EL Milch
Chilipulver · Zimtrinde
1 Spritzer trockener Weißwein
1–2 EL Butter
4 dünne Bauernbrotscheiben
1 Knoblauchzehe
1 Zweig Thymian
2 EL Walnusskernhälften
helle und dunkle Trauben
zum Garnieren

1 Den Camembert und den Romadur in kleine Würfel schneiden. Die Frühlingszwiebeln putzen, waschen und in feine Ringe schneiden. Koriander und Kümmel in eine Gewürzmühle füllen, das Salz mit dem Kaffeepulver mischen.

2 Den Frischkäse mit der Milch glatt rühren. Mit den Gewürzen aus der Mühle, etwas Kaffeesalz, Salz und 1 Prise Chilipulver würzen und ein wenig Zimt darüberreiben. Die Käsewürfel mit dem Frischkäse mischen und den Wein unterrühren.

3 Die Butter in einer Pfanne erhitzen. Die Brotscheiben mit der ungeschälten Knoblauchzehe und dem Thymianzweig in die Pfanne geben und auf beiden Seiten anrösten.

4 Einen Metallring (etwa 6 cm Durchmesser) nacheinander auf vier Teller setzen, jeweils mit dem Käse füllen und den Ring abziehen. Den Grupften mit den Walnüssen und den Trauben garnieren und mit dem gerösteten Bauernbrot servieren.

Schuhbecks Küchentipp

*Je nach Geschmack kann man das Bauernbrot statt
in Butter auch in Olivenöl anrösten.
Den Käse kann man am besten in kleine Würfel schneiden,
wenn er gut gekühlt ist. Die Würfel dann Zimmertemperatur
annehmen lassen – so lässt sich der Käse gut mischen und
schmeckt aromatischer.*

Terrine vom geräucherten Aal
mit Kartoffeln und Tomaten-Vinaigrette

Zutaten für 10 Personen

Für die Terrine:

1 kg kleine festkochende Kartoffeln · Salz
2 Döschen Safranfäden (0,2 g)
2 Stangen Lauch
1 geräucherter Aal (ca. 800 g)
Öl für die Form

Für die Sülze:

¾ l Gemüsebrühe
12 Blatt weiße Gelatine
3 EL Rotweinessig
2 TL Dijon-Senf
Salz · Zucker
Cayennepfeffer

Für die Tomaten-Vinaigrette:

5 Tomaten
5 Frühlingszwiebeln
100 ml Gemüsebrühe
2 EL Rotweinessig
1 TL scharfer Senf
Salz · Pfeffer aus der Mühle
Zucker · 4 EL Olivenöl

1 Am Vortag für die Terrine die Kartoffeln schälen, waschen und je nach Größe halbieren oder in Scheiben schneiden. Mit dem Safran in kochendem Salzwasser weich garen und im Sud abkühlen lassen. Den Lauch putzen, längs halbieren und waschen, den Strunk so abschneiden, dass sich die einzelnen Blätter lösen, und die Blätter in Salzwasser fast weich blanchieren. Kalt abschrecken und zwischen zwei Küchentüchern gut abtropfen lassen. Den Aal häuten und die Haut zum Aromatisieren des Suds aufbewahren. Die Aalfilets von der Gräte lösen, alle Gräten entfernen und die Filets quer in Stücke schneiden, die der Länge der Terrinenform entsprechen.

2 Für die Sülze die Brühe mit der Aalhaut erhitzen und 4 bis 5 Minuten ziehen lassen. Die Gelatine in kaltem Wasser einweichen. Die Aalhaut aus der Brühe entfernen. Den Essig und den Senf unter die Brühe rühren, mit Salz, Zucker und Cayennepfeffer abschmecken. Die Gelatine ausdrücken und in der Brühe auflösen. Die Flüssigkeit bei Zimmertemperatur abkühlen lassen.

3 Eine Terrinen- oder Kastenkuchenform (1 ½ l Inhalt) mit Öl einfetten und mit Frischhaltefolie möglichst faltenfrei auskleiden. Die Lauchblätter quer so nebeneinander in die Form legen, dass sie an beiden Seiten überstehen. Eine Schicht Kartoffeln darauf verteilen, die Hälfte der Aalstücke in die Mitte legen und mit einer weiteren Schicht Kartoffeln bedecken. Die restlichen Aalstücke darauflegen und mit einer Schicht Kartoffeln abschließen. Dabei immer wieder etwas Gelatinebrühe angießen, bis alles bedeckt ist. Die Lauchblätter über die obere Kartoffelschicht schlagen und mit Frischhaltefolie zudecken. Die Terrine über Nacht im Kühlschrank erstarren lassen.

4 Am nächsten Tag für die Vinaigrette die Tomaten kreuzweise einritzen, überbrühen, kalt abschrecken und häuten. Die Tomaten vierteln, entkernen und in kleine Würfel schneiden. Die Frühlingszwiebeln putzen, waschen und in feine Ringe schneiden. Brühe, Essig, Senf, Salz, Pfeffer und 1 Prise Zucker mit dem Stabmixer verrühren, nach und nach das Olivenöl dazugeben und untermixen. Die Tomatenwürfel und die Frühlingszwiebeln unterrühren.

5 Die Terrine aus der Form stürzen. Die Frischhaltefolie entfernen und die Terrine in Scheiben schneiden. Die Terrinenscheiben mit der Tomaten-Vinaigrette auf Tellern anrichten.

13

Fränkischer Zwiebelkuchen
mit Speck und Crème fraîche

Zutaten für 1 Backblech

Für den Hefeteig:

¹/8 l Milch

¹/2 Würfel Hefe (21 g)

300 g Mehl

2 Eigelb

1 Msp. abgeriebene unbehandelte Zitronenschale

Salz · Pfeffer aus der Mühle

Zucker · gemahlener Kümmel und Koriander

50 g weiche Butter

Butter für das Blech

Mehl zum Verarbeiten

Für den Belag:

1 kg Zwiebeln

150 g Frühstücksspeck (in Scheiben)

250 g Crème fraîche

250 g saure Sahne · 4 Eier

¹/2 TL abgeriebene unbehandelte Zitronenschale

Salz · Cayennepfeffer

frisch geriebene Muskatnuss

getrockneter Majoran

gemahlener Kümmel

1 Bund Schnittlauch

1 Für den Hefeteig die Milch in einem Topf lauwarm (etwa 30 °C) erhitzen. Die Hefe mit den Fingern zerbröckeln und in der Milch auflösen. Die Hefemilch mit dem Mehl, den Eigelben, der Zitronenschale, ¹/2 bis 1 TL Salz, Pfeffer sowie jeweils 1 Prise Zucker, Kümmel und Koriander mit den Händen oder mit den Knethaken des Handrührgeräts zu einem Teig verkneten. Die weiche Butter hinzufügen und den Teig einige Minuten weiterkneten, bis er glatt und geschmeidig ist. Den Hefeteig zu einer Kugel formen und in einer Schüssel mit Frischhaltefolie bedeckt an einem warmen Ort etwa 30 Minuten gehen lassen.

2 Ein tiefes Backblech mit Butter einfetten und mit Mehl bestäuben. Den Hefeteig auf der bemehlten Arbeitsfläche dünn auf die Größe des Backblechs ausrollen und das Blech damit auslegen. Den Teigboden nochmals 15 Minuten gehen lassen. Den Backofen auf 175 °C vorheizen.

3 Inzwischen für den Belag die Zwiebeln schälen, halbieren oder vierteln und ebenso wie den Speck in Streifen schneiden. In einer Pfanne 1 EL Butter erhitzen und die Zwiebelstreifen darin bei milder Hitze glasig dünsten. Die restliche Butter in einer zweiten Pfanne erhitzen und die Speckstreifen darin ebenfalls bei milder Hitze anbraten.

4 Die Crème fraîche mit der sauren Sahne und den Eiern glatt rühren. Die Zitronenschale hinzufügen. Die Eiermasse mit Salz, Cayennepfeffer, Muskatnuss sowie je 1 Prise Majoran und Kümmel würzen.

5 Die Zwiebeln und den Speck auf dem Teig verteilen und die Eiermasse darübergießen. Den Zwiebelkuchen im Ofen auf der mittleren Schiene etwa 35 Minuten goldbraun backen. Aus dem Ofen nehmen und lauwarm abkühlen lassen.

6 Den Schnittlauch waschen, trocken schütteln und in feine Röllchen schneiden. Den Zwiebelkuchen in Stücke schneiden und mit dem Schnittlauch bestreut servieren.

Schwarzwurzelsuppe
mit knusprigen Brotwürfeln

Zutaten für 4 Personen

700 g Schwarzwurzeln
800 ml Gemüsebrühe
2 Scheiben dunkles Brot
(Bauern- oder Roggenbrot)
1 EL Butter
80 g gekochter Hinter-
schinken (am Stück)
200 g Sahne
30 g kalte Butter
Salz · Cayennepfeffer
frisch geriebene Muskatnuss
Kräuterblätter zum Garnieren
(z. B. Petersilie)

1 Die Schwarzwurzeln unter fließendem Wasser gründlich abbürsten, schälen und schräg in etwa 1/2 cm dicke Scheiben schneiden. Die Schwarzwurzeln mit der Brühe in einen Topf geben und knapp unter dem Siedepunkt etwa 20 Minuten weich köcheln lassen.

2 Das Brot in Würfel schneiden. Die Butter in einer Pfanne erhitzen und die Brotwürfel darin bei milder Hitze rundum knusprig braten. Herausnehmen und auf Küchenpapier abtropfen lassen. Den Schinken in kleine Würfel schneiden.

3 Etwa ein Viertel der Schwarzwurzelscheiben mit dem Schaumlöffel herausnehmen und beiseitestellen. Die Sahne unter die Suppe rühren. Die kalte Butter in Würfel schneiden und dazugeben. Die Suppe mit dem Stabmixer oder im Küchenmixer fein pürieren. Mit Salz und jeweils 1 Prise Cayennepfeffer und Muskatnuss abschmecken.

4 Die beiseitegelegten Schwarzwurzelscheiben mit den Schinkenwürfeln in die Suppe geben. Die Suppe auf vorgewärmte tiefe Teller verteilen, mit den Brotwürfeln bestreuen und mit Kräuterblättern garniert servieren.

Schuhbecks Küchentipp

Geschälte Schwarzwurzeln oxidieren schnell und verfärben sich bräunlich. Wenn die Schwarzwurzeln nicht sofort weiterverarbeitet werden, sollten Sie sie deshalb in kaltes Essigwasser legen – so behalten sie ihre Farbe. Dadurch verlängert sich die Garzeit danach jedoch um 10 bis 20 Minuten, je nachdem wie lange die Schwarzwurzeln im Essigwasser gelegen haben.

Saure Zipfel
im Essig-Gewürz-Sud

Zutaten für 4 Personen

2 Zwiebeln
1 kleine Karotte
100 g Knollensellerie
500 g Nürnberger
Rostbratwürste
1 EL Öl
1–2 TL Puderzucker
4 EL Rotweinessig
1 l Hühnerbrühe
1 TL Wacholderbeeren
1/2 TL Zimtsplitter
je 1 TL Piment-, Senf- und
schwarze Pfefferkörner
1 kleines Lorbeerblatt
1 EL Zucker · Salz
1 EL Petersilie
(frisch geschnitten)
frisch geriebene Muskatnuss
40 g kalte Butter

1 Die Zwiebeln schälen, die Karotte und den Sellerie putzen und schälen. Das Gemüse in etwa 1/2 cm große Würfel schneiden. Die Rostbratwürste in dünne Scheiben schneiden.

2 Das Öl in einem Topf erhitzen und die Gemüsewürfel darin bei milder Hitze glasig dünsten. Den Puderzucker darüberstäuben und kurz mitdünsten. Mit dem Essig ablöschen und die Brühe dazugießen.

3 Wacholderbeeren, Zimtsplitter, Piment-, Senf- und Pfefferkörner in ein Gewürzsäckchen füllen, verschließen und mit dem Lorbeerblatt in die Brühe geben. Die Brühe mit Zucker und Salz würzen.

4 Die Wurstscheiben mit der Petersilie hinzufügen und knapp unter dem Siedepunkt einige Minuten ziehen lassen. Die Brühe mit Muskatnuss würzen. Das Gewürzsäckchen und das Lorbeerblatt entfernen und die Brühe durch ein Sieb gießen.

5 Die kalte Butter in Würfel schneiden und unter den Sud mixen. Die Wurst-Gemüse-Mischung auf vorgewärmte tiefe Teller oder Schälchen verteilen und den aufgeschäumten Sud darübergeben.

Schuhbecks Küchentipp

*Gewürzsäckchen verwendet man, wenn viele ganze Gewürze
nach dem Garen wieder aus dem Gericht entfernt werden sollen.
Am besten eignen sich dafür Tee-Eier oder Einwegteebeutel,
die man mit einer Klammer verschließt.*

Flusskrebssuppe
mit Zandernockerln

Zutaten für 4 Personen
Für die Flusskrebssuppe:
Salz · ¹/₂ TL ganzer Kümmel
20 Flusskrebse
1 Stange Staudensellerie
¹/₂ Fenchelknolle
2 Tomaten · 1–2 Zwiebeln
¹/₂ Petersilienwurzel · ¹/₂ Karotte
1 EL Öl · 4 cl Cognac
100 ml trockener Weißwein
6 cl Noilly Prat (franz. Wermut)
1 EL Tomatenmark
¹/₂ Knoblauchzehe
1 l Gemüsebrühe
¹/₂ ausgekratzte Vanilleschote
1 Splitter Zimtrinde
3 Scheiben Ingwer
¹/₂ TL schwarze Pfefferkörner
10 g getrocknete Champignons
100 g Sahne
1 EL kalte Butter
1 Stiel Estragon
1 TL Butter

Für die Zandernockerln:
120 g Zanderfilet (küchenfertig; ohne Haut) · Salz
150 g eiskalte Sahne
1 TL Dijon-Senf
mildes Chilipulver
frisch geriebene Muskatnuss
1 Lorbeerblatt
1 getrocknete rote Chilischote

1 Für die Flusskrebssuppe reichlich Salzwasser mit dem Kümmel zum Kochen bringen. Die Krebse darin 1 bis 2 Minuten garen, herausheben und kalt abschrecken. Die Krebsschwänze und -scheren von den Körpern trennen. Die Schwänze schälen und den dunklen Darm entfernen. Die Scheren knacken und das Fleisch auslösen. Das Krebsfleisch zugedeckt kühl stellen, die Karkassen beiseitestellen.

2 Den Backofen auf 160 °C (Umluft) vorheizen. Die Krebskarkassen gründlich säubern, in lauwarmem Salzwasser waschen und abtropfen lassen. Auf einem Backblech verteilen und im Ofen auf der mittleren Schiene etwa 20 Minuten trocknen lassen.

3 Inzwischen das Gemüse putzen, waschen bzw. schälen und in etwa 1 cm große Stücke schneiden. Die Karkassen aus dem Ofen nehmen, zerkleinern und in einem großen Topf im Öl bei milder Hitze 2 bis 3 Minuten sanft anrösten. Den Cognac angießen und anzünden. Den Wein und den Noilly Prat hinzufügen. Das Tomatenmark unterrühren, das Gemüse dazugeben und 3 Minuten mitdünsten. Den Knoblauch schälen und in Scheiben schneiden. Die Brühe angießen, Knoblauch, Vanilleschote, Zimt, Ingwer, Pfefferkörner und getrocknete Pilze dazugeben und die Suppe knapp unter dem Siedepunkt 30 bis 40 Minuten mehr ziehen als köcheln lassen.

4 Die Suppe durch ein feines Sieb in einen Topf gießen. Die Sahne dazugeben und die Suppe nochmals erhitzen. Die kalte Butter untermixen. Den Estragon waschen und trocken schütteln, die Blätter abzupfen und fein schneiden. Die Suppe mit Salz abschmecken und den Estragon unterrühren.

5 Für die Zandernockerln den Fisch waschen, trocken tupfen und in Würfel schneiden. Mit wenig Salz würzen und im Tiefkühlfach 5 bis 10 Minuten eiskalt abkühlen, aber nicht gefrieren lassen. Die eiskalten Zanderwürfel mit Sahne, Senf, Salz, Chilipulver und Muskatnuss mit dem Stabmixer oder im Küchenmixer zu einer glatten Farce pürieren. In einem großen Topf Salzwasser mit dem Lorbeerblatt und der Chilischote zum Kochen bringen und vom Herd nehmen. Mit einem Teelöffel von der Zanderfarce Nocken abstechen und im Salzwasser 4 bis 5 Minuten gar ziehen lassen. Das Krebsfleisch in der Butter erwärmen. Die Suppe mit dem Stabmixer aufschäumen und auf vorgewärmte tiefe Teller verteilen, die Zandernockerln und das Krebsfleisch darin anrichten.

Gedämpfter Karpfen
auf Bohnenpüree

Zutaten für 4 Personen

Für die Karpfen:

1/4 l trockener frän-
kischer Weißwein

1/2 TL Fenchelsamen

1 getrocknete rote Chilischote

2 Splitter Zimtrinde

je 1/2 TL Korianderkörner
und Wacholderbeeren

2 Lorbeerblätter

1 Zweig Thymian

2 Scheiben Ingwer · 1 Knoblauchzehe · 1/2 Vanilleschote

Salz · Zucker

Butter für den Dämpfkorb

4 Karpfenfilets (à 120 g;
küchenfertig, ohne Haut)

4 Champignons

Pfeffer aus der Mühle

Olivenöl zum Beträufeln

Für das Bohnenpüree:

250 g weiße Bohnenkerne
(aus der Dose)

70 ml Gemüsebrühe

1 Lorbeerblatt

1 getrocknete rote Chilischote

1 EL Sahnemeerrettich
(aus dem Glas)

Zucker · Salz

1 TL Rotweinessig

1 Msp. abgeriebene unbehandelte Orangenschale

1 Für die Karpfen den Wein in einem breiten, flachen Topf mit den Gewürzen erhitzen und zugedeckt 10 Minuten ziehen lassen. Inzwischen ein Dämpfkörbchen mit Butter einfetten. Die Karpfenfilets waschen, trocken tupfen und auf der Hautseite in das Dämpfkörbchen legen. Das Körbchen in den Topf mit dem Sud stellen und den Fisch zugedeckt etwa 8 Minuten gar dämpfen.

2 Für das Bohnenpüree die weißen Bohnen in ein Sieb abgießen, kalt abbrausen und abtropfen lassen. In einem Topf die Brühe mit dem Lorbeerblatt und der Chilischote langsam erhitzen und die Bohnen darin 10 Minuten ziehen lassen. Das Lorbeerblatt und die Chilischote wieder entfernen. Die Bohnen mit der Brühe, Sahnemeerrettich, Zucker, Salz, Essig und Orangenschale in einen hohen Rührbecher geben und zu einem sämigen Püree mixen.

3 Die Champignons putzen, trocken abreiben und in Scheiben schneiden. Die gedämpften Fischfilets mit Salz und Pfeffer würzen.

4 Das Bohnenpüree und die Champignons auf vorgewärmte Teller verteilen. Die Fischfilets auf dem Püree anrichten und mit Olivenöl beträufeln. Nach Belieben mit Dillspitzen garnieren und etwas frischen Meerrettich grob darüberraspeln.

Schuhbecks Küchentipp

Zu dem Karpfen passt ein Bohnensalat: Dafür 250 g feine grüne Bohnen in kochendem Salzwasser fast weich garen, kalt abschrecken und abtropfen lassen. 2 Tomaten überbrühen, häuten, entkernen und in kleine Würfel schneiden. 1/2 weiße Zwiebel schälen und in feine Würfel schneiden. 60 ml Gemüsebrühe, 2 EL Rotweinessig, 1 TL Dijon-Senf, Salz und 1 Prise Zucker mit dem Stabmixer verrühren, nach und nach je 2 EL Raps- und Olivenöl untermixen. 300 g weiße Bohnen (aus der Dose) abtropfen lassen, mit den grünen Bohnen, den Tomaten, den Zwiebelwürfeln und 1 Prise Bohnenkraut in eine Schüssel geben und mit der Vinaigrette mischen.

Gegrillter Schlegel von der Bauernente
mit Wirsing und Rieslingsauce

Zutaten für 4 Personen

Für die Entenkeulen:

4 Entenkeulen
(à 350–400 g; mit Haut)
ca. 2 l Hühnerbrühe
1 Karotte
200 g Knollensellerie
1/2 Zwiebel
1 Lorbeerblatt
1/2–1 TL Wacholderbeeren
5 Pimentkörner
1/2 TL schwarze Pfefferkörner
mildes Chilisalz

Für die Rieslingsauce:

1 EL Puderzucker
100 ml fränkischer Riesling
100 g Sahne
2 TL Speisestärke
1 EL kalte Butter
Salz · Cayennepfeffer

Für den Wirsing:

1/2 Kopf Wirsing
Salz
1 EL Butter
50 ml Gemüsebrühe
Pfeffer aus der Mühle
frisch geriebene Muskatnuss

1 Für die Entenkeulen die Keulen waschen und trocken tupfen. Die Oberschenkelknochen mit einem scharfen Messer auslösen, das Fleisch über den Unterschenkelknochen etwas einschneiden. Die Brühe in einem Topf aufkochen und die Entenkeulen hineingeben, sie sollten vollständig mit Brühe bedeckt sein. Gegebenenfalls noch etwas Brühe nachgießen. Die Entenkeulen knapp unter dem Siedepunkt etwa 2 1/2 Stunden weich garen.

2 Die Karotte und den Sellerie putzen, schälen und halbieren. Die Zwiebel schälen und halbieren. Das Gemüse mit dem Lorbeerblatt, den Wacholderbeeren sowie den Piment- und Pfefferkörnern nach etwa 1 1/2 Stunden Garzeit in die Brühe geben. Am Ende der Garzeit das Fett abschöpfen (das Entenfett anderweitig verwenden). 1/4 l Sud abnehmen und beiseitestellen.

3 Den Backofengrill einschalten. Die Entenkeulen aus der Brühe nehmen und mit der Hautseite nach oben auf ein tiefes Backblech legen. 1 Schöpflöffel Brühe angießen und die Entenkeulen im Ofen auf der untersten Schiene 15 bis 20 Minuten kross grillen. Anschließend mit Chilisalz würzen.

4 Für die Rieslingsauce den Puderzucker in einem Topf bei mittlerer Hitze hell karamellisieren. Mit dem Wein ablöschen und auf ein Drittel einköcheln lassen. Den beiseitegestellten Entensud und die Sahne dazugeben und einmal aufkochen lassen. Die Speisestärke mit wenig kaltem Wasser glatt rühren und nach und nach in die köchelnde Sauce rühren, bis sie leicht sämig ist. Zuletzt die kalte Butter untermixen und die Sauce mit Salz und Cayennepfeffer abschmecken.

5 Für den Wirsing den Wirsing putzen, in die einzelnen Blätter teilen und die Blattrippen entfernen. Die Wirsingblätter in etwa 5 cm lange und 1 cm breite Streifen schneiden und in kochendem Salzwasser fast weich garen. Abgießen, kalt abschrecken, abtropfen lassen und mit den Händen gut ausdrücken. Den Wirsing in einer tiefen Pfanne mit der Butter und der Brühe erhitzen, mit Salz, Pfeffer und Muskatnuss würzen. Zuletzt mit 6 EL Rieslingsauce mischen.

6 Den Wirsing auf vorgewärmte Teller verteilen und die Entenkeulen darauf anrichten. Die Rieslingsauce mit dem Stabmixer aufschäumen und darüberträufeln. Nach Belieben mit Klößen servieren.

Schäufele

mit gebratenem Krautsalat

Zutaten für 4 Personen

Für die Schäufele:

4 Schweineschäufele (nach fränkischem Schnitt; siehe Tipp)
400 ml Hühnerbrühe
1 Karotte
150 g Knollensellerie
3 große Zwiebeln
600 g kleine festkochende
Kartoffeln
1 EL Öl · Salz
1 Knoblauchzehe (in Scheiben)
1 Scheibe Ingwer
ca. 1 TL getrockneter
Majoran
1 Streifen unbehandelte
Zitronenschale
1/2 TL ganzer Kümmel
Pfeffer aus der Mühle

Für den Krautsalat:

1/4 Kopf Spitzkohl
4 EL braune Butter
(siehe Tipp S. 34)
mildes Chilisalz
gemahlener Kümmel
5 EL Gemüsebrühe
1–2 EL Rotweinessig
1 EL Rapsöl
Salz · Pfeffer aus der Mühle
Zucker · 1 EL Petersilie
(frisch geschnitten)

1 Für die Schäufele den Backofen auf 130°C vorheizen. Die Brühe in einen Bräter gießen, die Schäufele mit der Schwarte nach unten hineinlegen. Das Fleisch im Ofen auf der mittleren Schiene etwa 1 Stunde garen. Dann die Backofentemperatur auf 160°C erhöhen.

2 Das Fleisch aus dem Bräter nehmen und die Schwarte mit einem scharfen Messer einritzen. Karotte und Sellerie putzen und schälen. Zwiebeln und Kartoffeln schälen, die Kartoffeln waschen. Das vorbereitete Gemüse in 1 bis 2 cm große Stücke schneiden. Die Zwiebeln mit Sellerie und Karotte im Öl bei mittlerer Hitze nicht zu dunkel anbraten und mit den Kartoffeln in die Brühe geben. Die Schäufele mit der Schwarte nach oben daraufsetzen und auf der mittleren Schiene weitere 1 1/2 bis 2 Stunden garen.

3 Dann die Ofentemperatur auf 220°C (Oberhitze) erhöhen oder den Umluftgrill einschalten. Das Fleisch aus dem Ofen nehmen, auf ein Backblech setzen und die Schwarte mit Salz würzen. Im Ofen auf der untersten Schiene 20 bis 30 Minuten knusprig grillen. Den Knoblauch mit Ingwer, Majoran, Kümmel und Zitronenschale unter die Sauce im Bräter rühren, 5 bis 10 Minuten darin ziehen lassen und wieder entfernen. Die Sauce mit Salz und Pfeffer würzen.

4 Für den Krautsalat den Spitzkohl putzen, waschen und die Blätter in 1 bis 2 cm große Rauten schneiden. Die Kohlblätter in einer Pfanne in 1 bis 2 EL brauner Butter bei mittlerer Hitze leicht anbraten. Mit Chilisalz würzen und den Kümmel dazugeben. Die Brühe mit dem Essig, der restlichen braunen Butter und dem Öl verrühren, die Marinade mit Salz, Pfeffer und 1 Prise Zucker würzen. Die Marinade über die Krautfleckerl geben und die Petersilie darüberstreuen. Den Salat einige Minuten ziehen lassen und eventuell nachwürzen. Das Fleisch auf vorgewärmten Tellern mit etwas Schmorgemüse, Bratensauce und Krautsalat anrichten.

Schuhbecks Küchentipp

Schäufele nach fränkischem Schnitt bedeutet, dass der obere Teil der Schweineschulter längs mit dem Schulterblatt in etwa 8 cm dicke Scheiben geschnitten wird. Die Schwarte bleibt dran.

Sauerbraten

nach fränkischer Art

Zutaten für 4 Personen

Für die Marinade:

³/₄ l trockener Rotwein

je 1 TL Koriander-, Piment-
und schwarze Pfefferkörner

1 getrocknete rote Chilischote

1 Splitter Zimtrinde

1 TL Wacholderbeeren

2 Lorbeerblätter

Für den Braten:

1¹/₂ kg Schaufelbug
(flache Rinderschulter)

1 große Zwiebel

100 g Knollensellerie

1 kleine Karotte

2 TL Puderzucker

2 EL Tomatenmark

¹/₂ l Hühnerbrühe

je ¹/₂ TL Koriander-, Piment-
und schwarze Pfefferkörner

¹/₂ TL Wacholderbeeren

1 Splitter Zimtrinde

1 Lorbeerblatt

¹/₂ ausgekratzte Vanilleschote

2 Scheiben Ingwer

1 Knoblauchzehe
(in Scheiben)

1 Saucenlebkuchen (30–40 g)

Salz

1 Für die Marinade den Wein einmal aufkochen. Die Gewürze hinzufügen und die Marinade abkühlen lassen. Das Fleisch so einlegen, dass es mit der Marinade gut bedeckt ist, und zugedeckt im Kühlschrank 3 bis 4 Tage marinieren, dabei gelegentlich wenden.

2 Am Zubereitungstag die Zwiebel schälen, den Sellerie und die Karotte putzen und schälen. Das Gemüse in gut 1 cm große Würfel schneiden. Den Puderzucker in einem großen Topf bei mittlerer Hitze hell karamellisieren und die Gemüsewürfel darin andünsten. Das Tomatenmark dazugeben und unter Rühren kurz anrösten. Das Fleisch hinzufügen und rundum leicht anbraten, die Beize samt den Gewürzen sowie die Brühe dazugeben und alles zum Kochen bringen. Die Koriander-, Piment- und Pfefferkörner sowie die Wacholderbeeren, den Zimt und das Lorbeerblatt hinzufügen und den Braten zugedeckt bei schwacher Hitze etwa 2¹/₂ Stunden schmoren.

3 Etwa 15 Minuten vor Ende der Garzeit Vanilleschote, Ingwer- und Knoblauchscheiben sowie den zerbröckelten Saucenlebkuchen dazugeben und die Sauce mit Salz abschmecken.

4 Das Fleisch aus der Sauce nehmen und warm halten. Die Sauce durch ein Sieb gießen, dabei das Gemüse etwas ausdrücken. Das Fleisch in Scheiben schneiden und jeweils 2 Scheiben Sauerbraten mit Sauce auf vorgewärmten Tellern anrichten.

Schuhbecks Küchentipp

*Die Sauce kann man nach Belieben noch mit etwas
in kaltem Wasser angerührter Speisestärke leicht binden.
Zu dem Sauerbraten passen ein gemischter Salat und
mit Butterbröseln beträufelte Kartoffelklöße sehr gut.*

Altmühltaler Lammrücken
mit Kräuterkruste auf Spargelgemüse

Zutaten für 4 Personen

Für den Lammrücken:

600 g Lammrückenfilet
1 EL Rapsöl
8 Stiele Petersilie
4 Zweige Thymian
1 Knoblauchzehe · 120 g Butter
1/2 TL abgeriebene unbe-
handelte Zitronenschale
mildes Chilisalz
30 g Weißbrotbrösel

Für das Kopfsalat-Pesto:

80 g grüne Kopfsalatblätter
1 Bund Petersilie · Salz
1 Knoblauchzehe (in Scheiben)
1 Msp. abgeriebene unbehandelte
Zitronenschale
1 TL Zitronensaft
je 70 ml Oliven- und Rapsöl
mildes Chilisalz
frisch geriebene Muskatnuss
1 EL Walnusskerne

Für das Spargelgemüse:

je 300 g weißer und grü-
ner Spargel · 1 TL Puderzucker
70 ml Gemüsebrühe
1 EL Butter · 1 Knoblauchzehe
2 Scheiben Ingwer
1/2 ausgekratzte Vanilleschote
mildes Chilisalz
frisch geriebene Muskatnuss

1 Für den Lammrücken den Backofen auf 100 °C vorheizen. Ein Ofengitter auf die mittlere Schiene und darunter ein Abtropfblech schieben. Das Lammfilet von Fett und Sehnen befreien und in einer Pfanne im Öl rundum anbraten. Das Filet auf das Backofengitter legen und im Ofen etwa 30 Minuten garen.

2 Für die Gratiniermasse die Petersilie und den Thymian waschen und trocken schütteln, die Blätter abzupfen und klein schneiden. Den Knoblauch schälen und in feine Würfel schneiden. Die Butter schaumig rühren, die Kräuter, den Knoblauch und die Zitronenschale untermischen. Mit Chilisalz würzen und die Weißbrotbrösel unterrühren.

3 Für das Kopfsalat-Pesto die Salatblätter waschen und trocken schleudern. Die Petersilie waschen, trocken schütteln und die Blätter abzupfen. Die Petersilienblätter in kochendem Salzwasser blanchieren, in ein Sieb abgießen, kalt abschrecken und mit den Händen gut ausdrücken. Den Knoblauch schälen und klein schneiden. Die Salatblätter mit Petersilie, Knoblauch, Zitronenschale und -saft sowie beiden Ölsorten mit dem Stabmixer fein pürieren. Mit Chilisalz und Muskatnuss würzen. Die Walnüsse grob zerkleinern und kurz untermixen, sodass sie noch leicht stückig bleiben.

4 Für das Spargelgemüse den weißen Spargel schälen, den grünen Spargel waschen und nur im unteren Drittel schälen. Jeweils die holzigen Enden entfernen und die Spargelstangen schräg in Scheiben schneiden, die Spitzen halbieren. Den Puderzucker in einer Pfanne hell karamellisieren und beide Spargelsorten darin andünsten. Die Brühe angießen und den Spargel bei milder Hitze 6 bis 8 Minuten bissfest garen. Bei Bedarf noch etwas Brühe angießen. Am Ende der Garzeit die Butter unterrühren. Den Knoblauch schälen und halbieren, mit dem Ingwer und der Vanilleschote dazugeben, mit Chilisalz und Muskatnuss würzen. Kurz ziehen lassen, dann Knoblauch, Ingwer und Vanilleschote wieder entfernen.

5 Den Backofen auf Grillfunktion umschalten. Das Lammfilet aus dem Ofen nehmen und die Gratiniermasse darauf verteilen. Das Fleisch im Ofen auf der untersten Schiene einige Minuten goldbraun gratinieren. Das Lammfilet in Scheiben schneiden. Das Spargelgemüse auf vorgewärmte Teller verteilen und das Lammfilet darauf anrichten. Das Kopfsalat-Pesto darüberträufeln. Nach Belieben mit grob gehackten Walnüssen garniert servieren.

Versoffene Jungfern
mit marinierten Zitrusfrüchten und Gewürzsud

Zutaten für 4 Personen

Für die Zitrusfrüchte:

2 Clementinen
je 1 Grapefruit, Orange,
Blutorange und Pomelo
1–2 TL Orangenlikör
2 EL Puderzucker

Für den Gewürzsud:

2–3 EL Puderzucker
300 ml trockener Weißwein
1/2 l Apfelsaft
2 Zacken Sternanis
einige Splitter Zimtrinde
1 TL grüne Kardamomkapseln
2 Gewürznelken
1 halbierte Vanilleschote
je 1 Streifen unbehandelte
Zitronen- und Orangenschale
2–3 TL Speisestärke

Für das Gebäck:

100 g weiche Butter
Mark von 1 Vanilleschote
abgeriebene Schale von
1 unbehandelten Zitrone
80 g Zucker
4 Eigelb · 150 g Mehl
25 g Speisestärke
1/2 TL Backpulver
4 Eiweiß · Salz
Öl zum Ausbacken

1 Für die Zitrusfrüchte die Clementinen schälen und in Spalten teilen. Die übrigen Früchte so großzügig schälen, dass auch die weiße Haut mit entfernt wird, und die Fruchtfilets aus den Trennhäuten schneiden. Die Früchte mit dem Likör beträufeln, mit dem Puderzucker bestäuben und durchziehen lassen.

2 Für den Gewürzsud den Puderzucker in einen Topf sieben und bei milder Hitze hell karamellisieren. Mit dem Wein ablöschen und den Apfelsaft hinzufügen. Sternanis, Zimt, Kardamom, Gewürznelken, Vanilleschote, Zitronen- und Orangenschale hinzufügen. Die Speisestärke mit wenig kaltem Wasser glatt rühren und nach und nach in die köchelnde Flüssigkeit rühren, bis sie leicht sämig gebunden ist. Den Sud einige Minuten sanft köcheln lassen und dann durch ein Sieb gießen.

3 Für das Gebäck die Butter mit dem Vanillemark, der Zitronenschale und der Hälfte des Zuckers hellschaumig schlagen, dann die Eigelbe unterrühren. Das Mehl mit der Speisestärke und dem Backpulver in eine Schüssel sieben. Die Eiweiße mit dem restlichen Zucker und 1 Prise Salz cremig schlagen und mit der Mehlmischung unter die Buttermasse rühren.

4 Zum Ausbacken das Öl 4 bis 5 cm hoch in eine tiefe Pfanne gießen und auf 165 bis 170 °C erhitzen. Aus der Teigmasse mit zwei Esslöffeln Nocken formen (dabei die Löffel zwischendurch in warmes Wasser tauchen) und die Nocken im heißen Fett portionsweise rundum goldbraun ausbacken. Mit dem Schaumlöffel herausheben und auf Küchenpapier abtropfen lassen.

5 Die marinierten Früchte auf tiefe Teller verteilen, die Nocken darauf anrichten und mit dem Gewürzsud überziehen. Nach Belieben mit Puderzucker bestäuben.

Schuhbecks Küchentipp

Wenn Kinder mitessen, können Sie den Weißwein durch Apfelsaft ersetzen. Die Nocken sollte man möglichst nicht zu groß formen und bei milder Hitze langsam ausbacken, damit sie außen nicht zu dunkel werden und innen gut durchgaren.

Bratapfelkuchen
mit gerösteten Mandelblättchen

Zutaten für 1 Backblech

Für den Mürbeteig:

265 g weiche Butter

120 g Puderzucker · Salz

Mark von 1/2 Vanilleschote

abgeriebene Schale von

1/2 unbehandelten Zitrone

3 Eigelb · 360 g Mehl

Butter für das Blech

Mehl zum Verarbeiten

Für den Belag:

1 1/2 kg kleine Äpfel

(z. B. Braeburn oder Elstar)

250 g Marzipanrohmasse

250 g weiche Butter

250 g Zucker

Mark von 1 Vanilleschote

Zimtpulver · Salz

je 1 TL abgeriebene unbehan-

delte Zitronen- und

Orangenschale

6 Eier (Zimmertemperatur)

150 g Mehl · 2 TL Backpulver

70 g Rumrosinen

70 g geröstete Mandelstifte

Zum Fertigstellen:

100 g Aprikosenkonfitüre

3 EL Mandelblättchen

1 Für den Mürbeteig Butter, Puderzucker, 1 Prise Salz, Vanillemark und Zitronenschale mit den Knethaken des Handrührgeräts verknete. Ein Eigelb nach dem anderen dazugeben, aber nicht schaumig schlagen. Zuletzt das Mehl hinzufügen und so lange unterkneten, bis der Teig glatt ist. Den Teig zu einem flachen Ziegel formen, in Frischhaltefolie wickeln und im Kühlschrank 1 Stunde ruhen lassen.

2 Den Backofen auf 175 °C vorheizen. Das Backblech mit Butter einfetten und mit Mehl bestäuben. Den Teig mit dem Nudelholz auf der bemehlten Arbeitsfläche dünn ausrollen und das Backblech damit auslegen. Den Teig mit einer Gabel mehrmals einstechen und im Ofen auf der mittleren Schiene etwa 15 Minuten hell vorbacken.

3 Inzwischen für den Belag die Äpfel schälen, die Kerngehäuse mit einem Apfelausstecher entfernen und die Äpfel quer in 2 bis 3 cm dicke Scheiben schneiden. Den vorgebackenen Mürbeteig aus dem Ofen nehmen und mit den Apfelscheiben belegen.

4 Das Marzipan mit 50 g Butter zu einer glatten Masse verkneten. Die restliche Butter mit Zucker, Vanillemark, Zimt, 1 Prise Salz, Zitronen- und Orangenschale schaumig aufschlagen. Die Marzipanmasse nach und nach dazugeben und untermixen, dann die Eier nach und nach hinzufügen. Das Mehl mit dem Backpulver daraufsieben und kurz unterrühren.

5 Die Rumrosinen mit den Mandeln und 100 g Marzipanbackmasse verrühren und gleichmäßig in die ausgestochenen Apfelringe füllen. Die übrige Marzipanmasse über alle Äpfel auf dem Blech verteilen. Den Bratapfelkuchen im Ofen auf der mittleren Schiene etwa 50 Minuten goldbraun backen.

6 Zum Fertigstellen die Aprikosenkonfitüre in einem kleinen Topf erhitzen. Den Kuchen aus dem Ofen nehmen und noch heiß mit der Aprikotur bepinseln. Die Mandelblättchen in einer beschichteten Pfanne ohne Fett goldbraun rösten und über den Bratapfelkuchen streuen. Den Kuchen vor dem Servieren nach Belieben mit Puderzucker bestäuben.

Lebkuchenparfait
mit Rumrosinen und Mandeln

Zutaten für 4 Personen

je 40 g Orangeat
und Zitronat
2 EL Rum
2–3 EL Rumrosinen
100 g Zucker
4 Eigelb · 2 Eier
1 EL Vanillezucker
1 EL Lebkuchengewürz
je ¹/₂ TL abgeriebene unbe-
handelte Zitronen- und
Orangenschale
4 EL abgekühlte
geröstete Mandeln
20 g dunkle Schokoladen-
raspel (oder geriebene
Schokolade)
400 g geschlagene Sahne
je ca. 1 EL Orangen- und
Mandellikör (z. B. Amaretto)
Öl für die Form

1 Orangeat und Zitronat mit 1 TL Rum mischen und mit einem großen Messer oder im Blitzhacker fein hacken. Die Rumrosinen grob hacken. In einem kleinen Topf 80 g Zucker mit 4 EL Wasser verrühren und aufkochen – der Zucker soll sich dabei auflösen.

2 Die Eigelbe mit den Eiern, dem restlichen Zucker, dem Vanillezucker, dem Lebkuchengewürz sowie der Zitronen- und Orangenschale 1 bis 2 Minuten verrühren, unter Rühren den Zuckersirup hinzufügen. Die Eiermasse im heißen Wasserbad zu einem sämigen Schaum aufschlagen, dabei auf höchstens 75 °C erhitzen.

3 Den Eierschaum auf Eiswasser kalt schlagen. Orangeat, Zitronat, Rosinen, Mandeln und Schokoraspel unterrühren und die Sahne unterheben. Die Creme mit dem restlichen Rum und beiden Likören abschmecken, eventuell noch etwas Lebkuchengewürz dazugeben.

4 Eine Königskuchenform (25 cm Kantenlänge) mit Öl einfetten und mit Frischhaltefolie auslegen. Die Parfaitmasse in die Form füllen und glatt streichen. Mit Frischhaltefolie bedecken und im Tiefkühlfach 1 Tag durchfrieren lassen. Zum Servieren das Lebkuchenparfait mithilfe der Folie aus der Form stürzen und in Scheiben schneiden.

Schuhbecks Küchentipp

Wer Zitronat und Orangeat nicht gern mag, kann beides durch etwas abgeriebene unbehandelte Zitronen- und Orangenschale ersetzen. Das Lebkuchenparfait hält sich in Folie gewickelt mehrere Wochen im Tiefkühlfach. Dazu passen Rumtopffrüchte, Kompotte aus Zitrusfrüchten oder eingelegte Kirschen.

Niederbayern & Oberpfalz

Tellersülze

mit Bratkartoffeln und Sauerrahmdip

Zutaten für 4 Personen

Für die Tellersülze:

3 l Hühnerbrühe
100 ml Weißweinessig
1 Zwiebel · 1 Lorbeerblatt
1 Gewürznelke · Zucker
1 gepökelte Schweinshaxe
(ca. 1 1/2 kg; mit Schwarte)
1 Karotte · 100 g Knollensellerie
3 Wacholderbeeren
1/2 TL schwarze Pfefferkörner
2 Pimentkörner
10 Blatt weiße Gelatine
Pfeffer aus der Mühle
frisch geriebene Muskatnuss
1 Gewürzgurke · 1 gekochtes Ei

Für die Bratkartoffeln:

1 kg festkochende Kartoffeln
Salz · 1 TL ganzer Kümmel
2 EL Öl · Pfeffer aus der Mühle
gemahlener Kümmel
1/2–1 TL getrockneter Majoran
1 EL Petersilie (frisch geschnitten)

Für den Sauerrahmdip:

200 g saure Sahne · 3 EL Sahne
2 TL scharfer Senf
1 EL Zitronensaft
etwas abgeriebene unbe-
handelte Zitronenschale
Salz · Cayennepfeffer · Zucker
1 EL Schnittlauchröllchen

1 Für die Tellersülze die Brühe mit 80 ml Essig in einen großen Topf geben. Die Zwiebel schälen und halbieren, eine Zwiebelhälfte mit dem Lorbeerblatt belegen, mit Gewürznelke feststecken und in den Sud legen. 1 TL Zucker hinzufügen und den Sud einmal aufkochen. Die Haxe in den Sud geben und bei milder Hitze etwa 2 1/2 Stunden weich garen, bis sich das Fleisch vom Knochen lösen lässt. Karotte und Sellerie putzen, schälen und mit der restlichen Zwiebelhälfte nach 30 Minuten Garzeit dazugeben. Nach weiteren 30 Minuten die Wacholderbeeren, Pfeffer- und Pimentkörner in ein Gewürzsäckchen füllen (siehe Tipp S. 16), verschließen und in den Sud geben.

2 Die Haxe aus dem Sud nehmen, die Schwarte entfernen und das Fleisch vom Knochen lösen. Das magere Fleisch gegen den Faserverlauf in Scheiben schneiden. Den Sud mit Küchenpapier entfetten und durch ein mit einem Küchentuch ausgelegtes Sieb gießen. Das Gemüse klein schneiden und beiseitestellen.

3 Die Gelatine in kaltem Wasser einweichen. In einem Topf 1 l Sud erhitzen und die gut ausgedrückte Gelatine darin auflösen. Mit dem restlichen Essig, 1 Prise Zucker, Pfeffer, Muskatnuss und eventuell etwas Salz würzen und bei Zimmertemperatur abkühlen lassen.

4 Die Gewürzgurke in Scheiben schneiden. Aus der Mitte des Eis quer 4 schöne Scheiben schneiden, den Rest beiseitelegen. Die Eier- und Gurkenscheiben mit dem Fleisch und dem Gemüse auf tiefe Teller verteilen. Den Sülzenstand darübergeben und im Kühlschrank mehrere Stunden fest werden lassen.

5 Für die Bratkartoffeln die Kartoffeln waschen und in kochendem Salzwasser mit dem ganzen Kümmel weich garen. Abgießen, ausdampfen lassen, pellen, mehrere Stunden abkühlen lassen und in 1/2 cm dicke Scheiben schneiden. Die Kartoffeln in einer Pfanne im Öl bei milder Hitze goldbraun braten. Mit Salz, Pfeffer, Kümmel und Majoran würzen und mit der Petersilie bestreuen.

6 Für den Sauerrahmdip die saure Sahne mit Sahne, Senf, Zitronensaft und -schale verrühren, mit Salz, Cayennepfeffer und 1 Prise Zucker abschmecken. Die restlichen Eistücke hacken und mit dem Schnittlauch unter den Dip rühren. Zum Anrichten den Dip über die Sülze träufeln und die Tellersülze mit den Bratkartoffeln servieren.

Rottaler Kartoffelkäs
mit Zwiebeln und Sauerrahm

Zutaten für 4 Personen

400 g vorwiegend fest-
kochende Kartoffeln · Salz
2 1/2 TL ganzer Kümmel
1 Zwiebel · 2 EL Butter
je 1 EL Koriander- und
schwarze Pfefferkörner
200 g saure Sahne
4 EL flüssige braune Butter
(siehe Tipp)
Cayennepfeffer
getrockneter Majoran
frisch geriebene Muskatnuss
2 EL Schnittlauchröllchen

1 Die Kartoffeln waschen und in kochendem Salzwasser mit 1/2 TL Kümmel weich garen. In ein Sieb abgießen und kurz ausdampfen lassen. Die Kartoffeln möglichst heiß pellen und durch die Kartoffelpresse drücken.

2 Die Zwiebel schälen und in feine Würfel schneiden. Die Butter in einer Pfanne erhitzen und die Zwiebelwürfel darin hellbraun dünsten. Den restlichen Kümmel mit den Koriander- und Pfefferkörnern in eine Gewürzmühle füllen.

3 Die Kartoffeln mit den Zwiebelwürfeln und der sauren Sahne verrühren. Die braune Butter hinzufügen und unterrühren. Den Kartoffelkäs mit Salz, je 1 Prise Cayennepfeffer, Majoran und Muskatnuss sowie den Gewürzen aus der Mühle würzen. Zuletzt die Schnittlauchröllchen unterrühren.

Schuhbecks Küchentipp

Braune Butter kann man gut in größeren Mengen auf Vorrat zubereiten: Einfach 250 g Butter in einem kleinen Topf zerlassen und langsam erhitzen, bis sie goldbraun ist und ein nussiges Aroma hat. Den Topf vom Herd nehmen und die Butter durch ein mit Küchenpapier ausgelegtes Sieb gießen. In ein gut verschließbares Glas füllen und bis zur Verwendung im Kühlschrank aufbewahren.

Lauwarmer Spargelsalat

mit gebratenen Regensburgern

1 Für den Spargelsalat den weißen Spargel schälen, den grünen Spargel waschen und nur im unteren Drittel schälen. Jeweils die holzigen Enden entfernen, die Spargelstangen längs halbieren und schräg in etwa 5 cm lange Stücke schneiden. Die Karotten putzen, schälen und längs vierteln. Die Frühlingszwiebeln putzen und waschen. Beides ebenfalls schräg in etwa 5 cm lange Stücke schneiden.

2 Die Spargel- und Karottenstücke mit der Brühe in einen Topf geben und zugedeckt knapp unter dem Siedepunkt etwa 10 Minuten gar ziehen lassen. Nach 5 Minuten die Frühlingszwiebeln dazugeben und mitgaren. Das Gemüse in ein Sieb abgießen, dabei die Brühe auffangen. 120 ml Brühe abmessen und beiseitestellen.

3 Die Tomaten kreuzweise einritzen, überbrühen, kalt abschrecken und häuten. Die Tomaten vierteln, entkernen und in kleine Würfel schneiden. Die Regensburger Würste häuten und in 1/2 cm dicke Scheiben schneiden. Das Öl in einer Pfanne erhitzen und die Wurstscheiben darin auf beiden Seiten anbraten.

4 Für die Marinade die beiseitegestellte Brühe mit Essig, Senf, 1 Prise Zucker und Chilisalz mit dem Stabmixer verrühren. Nach und nach beide Ölsorten dazugeben und untermixen. Das lauwarme Gemüse mit der Marinade und den Tomatenwürfeln mischen. Den Schnittlauch, die Petersilie und das Basilikum untermischen.

5 Den Spargelsalat auf vorgewärmte Teller verteilen und die gebratenen Wurstscheiben darauf anrichten.

Schuhbecks Küchentipp

Aus den Spargelschalen können Sie ganz einfach einen Fond zubereiten: Dafür die Schalen in einem Topf mit Gemüsebrühe bedecken und knapp unter dem Siedepunkt etwa 20 Minuten ziehen lassen. Durch ein Sieb gießen und den Sud auffangen. Mit etwas Sahne und Butter wird aus dem Fond eine aromatische Spargelsuppe. Man kann den Spargelfond aber beispielsweise auch zum Garen von Risotto verwenden.

Oberpfälzer Lauchkuchen
mit Zwiebeln und Kümmel

Zutaten für 4 Personen

Für den Mürbeteig:

200 g weiche Butter
2 Eigelb · 2 EL Milch
Zucker · Salz
350 g Mehl
Butter für das Blech
Mehl für die Arbeitsfläche

Für den Belag:

3 Zwiebeln (ca. 300 g)
2 Stangen Lauch
1 EL Öl
Salz · Pfeffer aus der Mühle
gemahlener Kümmel
200 ml Milch
200 g Sahne · 4 Eier
Cayennepfeffer
frisch geriebene Muskatnuss

1 Für den Mürbeteig die Butter mit den Eigelben, der Milch, 1 Prise Zucker und 1 TL Salz gut verrühren. Nach und nach das Mehl dazugeben und alles mit den Knethaken des Handrührgeräts rasch zu einem glatten Teig verkneten. Den Teig zu einem flachen Ziegel formen, in Frischhaltefolie wickeln und im Kühlschrank mindestens 1 Stunde ruhen lassen.

2 Den Backofen auf 175 °C vorheizen. Ein tiefes Backblech mit Butter einfetten. Den Mürbeteig mit den Händen nochmals kurz durchkneten und auf der bemehlten Arbeitsfläche dünn auf die Größe des Backblechs ausrollen. Das Blech mit dem Teig auslegen und den Teigboden mit einer Gabel mehrmals einstechen. Den Teigboden im Ofen auf der mittleren Schiene 8 bis 10 Minuten hell vorbacken.

3 Für den Belag die Zwiebeln schälen und in feine Würfel schneiden. Den Lauch putzen, längs halbieren, waschen und quer in dünne Streifen schneiden. Das Öl in einer Pfanne erhitzen, Zwiebeln und Lauch darin bei milder Hitze andünsten. Mit Salz, Pfeffer und 1 Prise Kümmel würzen und abkühlen lassen. Die Zwiebel-Lauch-Mischung auf dem Mürbeteigboden verteilen.

4 Die Milch mit der Sahne und den Eiern verquirlen, mit Salz, Pfeffer, 1 Prise Cayennepfeffer und Muskatnuss würzen. Die Milch-Eier-Mischung auf dem Belag verteilen und den Lauchkuchen im Ofen auf der mittleren Schiene etwa 50 Minuten goldbraun backen.

Schuhbecks Küchentipp

In Frischhaltefolie verpackt, kann man Mürbeteig 1 Woche im Kühlschrank aufbewahren. Er lässt sich auch gut einfrieren. Der Teigboden wird vorgebacken, damit er schön knusprig bleibt und nicht durch den Belag feucht wird.

Pichelsteiner

mit zweierlei Bohnen

Zutaten für 4 Personen

*je 200 g Kalb- und Rind-
fleisch (aus der Schulter)*
1–2 EL Öl
*ca. 1 1/2 l Gemüse- oder
Rinderbrühe*
2 festkochende Kartoffeln
2 Zwiebeln · 1 Karotte
1 gelbe Karotte
150 g Knollensellerie
200 g Weißkohl
1/2 Stange Lauch
*100 g breite grüne Bohnen
mildes Chilisalz*
*120 g kleine weiße Bohnen
(aus der Dose)*
*je 1/2 TL Koriander-, Piment-
und schwarze Pfefferkörner*
1/4 TL ganzer Kümmel
1 Lorbeerblatt
1 getrocknete rote Chilischote
*1 Knoblauchzehe
(in Scheiben)*
2 Scheiben Ingwer
Salz · 3 Stiele Petersilie
frisch geriebene Muskatnuss

1 Das Fleisch in etwa 1 1/2 cm große Würfel schneiden. Das Öl in einer Pfanne erhitzen und das Fleisch darin portionsweise rundum anbraten. Mit der Brühe in einen Topf geben und knapp unter dem Siedepunkt etwa 1 Stunde ziehen, nicht köcheln lassen.

2 Die Kartoffeln schälen und waschen. Die Zwiebeln schälen, die Karotten und den Sellerie putzen und schälen. Alles in kleine Würfel schneiden. Den Weißkohl putzen und waschen, die Blattrippen entfernen und die Kohlblätter in Rauten schneiden. Kartoffeln, Zwiebeln, Karotten, Sellerie und Weißkohl zum Fleisch geben und etwa 20 Minuten mitgaren.

3 Den Lauch putzen, waschen und in Ringe schneiden. Die grünen Bohnen putzen, waschen und schräg in Stücke schneiden. In einem Topf Wasser mit Chilisalz zum Kochen bringen und die Bohnen darin bissfest garen. Abgießen, kalt abschrecken und abtropfen lassen. Die weißen Bohnen in ein Sieb abgießen, kalt abbrausen und abtropfen lassen. Die Koriander-, Piment- und Pfefferkörner mit dem Kümmel in eine Gewürzmühle füllen.

4 Den Lauch sowie die grünen und weißen Bohnen mit dem Lorbeerblatt, der Chilischote, Knoblauch und Ingwer zum Fleisch geben, mit den Gewürzen aus der Mühle und Salz abschmecken. Das Gemüse weitere 10 Minuten ziehen lassen, die ganzen Gewürze entfernen. Die Petersilie waschen und trocken schütteln, die Blätter abzupfen und unter den Eintopf rühren.

5 Etwas Muskatnuss in vorgewärmte tiefe Teller reiben und den Pichelsteiner Eintopf darauf verteilen.

Schuhbecks Küchentipp

Eine überraschend exotische Note bekommt der Eintopf, wenn Sie ihn mit Curryrahm zubereiten. Dafür den Pichelsteiner durch ein Sieb gießen, Gemüse und Fleisch auf vorgewärmte tiefe Teller verteilen. 200 g Sahne, 1 EL Currypulver und 4 EL kalte Butter unter die Suppe mixen, mit Chilisalz würzen. Die aufgeschäumte Suppe auf die Teller verteilen, mit Basilikum garnieren.

Kartoffelgulasch
mit Bauernseufzern und Zitronenschmand

Zutaten für 4 Personen
Für das Gulaschgewürz:
1–2 Knoblauchzehen
1 TL ganzer Kümmel
1 TL getrockneter Majoran
mildes Chilisalz
1/2–1 TL abgeriebene unbehandelte Zitronenschale

Für das Kartoffelgulasch:
500 g festkochende Kartoffeln
1 Zwiebel
1 rote Paprikaschote
2 EL Olivenöl
1–2 TL Tomatenmark
800 ml Gemüsebrühe
1 gelbe Paprikaschote
1/2 kleiner Zucchino
Salz · Pfeffer aus der Mühle
2 TL Paprikapulver (edelsüß)
2 Bauernseufzer (geräucherte Oberpfälzer Bratwürste; ersatzweise 4 Wiener Würstchen)
1–2 EL Petersilie (frisch geschnitten)

Für den Zitronenschmand:
100 g Schmand · 3 EL Milch
1/2 TL abgeriebene unbehandelte Zitronenschale
1 TL Zitronensaft
mildes Chilisalz · Zucker

1 Für das Gulaschgewürz den Knoblauch schälen und mit dem Kümmel und dem Majoran hacken. Mit Chilisalz mischen und mit dem Messerrücken zerdrücken, dann die Zitronenschale untermischen.

2 Für das Kartoffelgulasch die Kartoffeln schälen, waschen und in 2 cm große Würfel schneiden. Die Zwiebel schälen und in 1 cm große Blättchen schneiden. Die rote Paprikaschote längs halbieren, entkernen und waschen. Die Paprikahälften mit dem Sparschäler schälen und in 1 cm große Würfel schneiden.

3 In einem Topf 1 EL Olivenöl erhitzen, Zwiebel und Paprika darin andünsten. Das Tomatenmark unterrühren und kurz anrösten. Die Brühe angießen, die Kartoffelwürfel dazugeben und alles knapp unter dem Siedepunkt 20 Minuten mehr ziehen als köcheln lassen.

4 Die gelbe Paprikaschote längs halbieren, entkernen und waschen. Die Paprikahälften mit dem Sparschäler schälen und in 1 cm große Würfel schneiden. Den Zucchino putzen, waschen, längs vierteln und in 1/2 cm dicke Scheiben schneiden. Das restliche Olivenöl in einer Pfanne erhitzen, die Paprikawürfel und Zucchinischeiben darin anbraten. Mit Salz, Pfeffer und etwas Gulaschgewürz würzen.

5 Etwa drei Viertel des Kartoffelgulaschs mit dem Schöpflöffel als Einlage herausnehmen. Den Rest mit dem Stabmixer zu einer sämigen Suppe pürieren und die Einlage zurück in den Topf geben. Das Paprikapulver mit wenig kaltem Wasser glatt rühren und mit dem restlichen Gulaschgewürz zu dem Kartoffelgulasch geben.

6 Die Bauernseufzer in dünne Scheiben schneiden und mit der Paprika-Zucchini-Mischung unter das Gulasch rühren. Das Gulasch noch einige Minuten ziehen, aber nicht köcheln lassen und zuletzt die Petersilie hinzufügen.

7 Für den Zitronenschmand den Schmand mit der Milch glatt rühren. Mit Zitronenschale und -saft, Chilisalz und Zucker abschmecken. Das Kartoffelgulasch auf vorgewärmte tiefe Teller verteilen und jeweils 1 Klecks Zitronenschmand daraufsetzen.

Spiegelkarpfen
auf Kartoffel-Feldsalat-Sauce

Zutaten für 4 Personen

*Für die Kartoffel-
Feldsalat-Sauce:*

1 Kartoffel (ca. 100 g)
1/2 Zwiebel
1/4 l Gemüsebrühe
1/2 kleines Lorbeerblatt
1 kleine Knoblauchzehe
(in Scheiben)
1/2 getrocknete rote Chilischote
60 g Feldsalat · 100 g Sahne
Salz · Cayennepfeffer
1 EL Butter
*1 Msp. abgeriebene unbe-
handelte Zitronenschale*
einige Tropfen Zitronensaft
frisch geriebene Muskatnuss

Für die Kartoffelwürfel:

1 große Kartoffel
Salz · 1 EL Öl
Pfeffer aus der Mühle

Für die Karpfen:

*4 Karpfenfilets (à ca. 180 g;
küchenfertig, mit Haut)*
50 g doppelgriffiges Mehl
2–3 EL Öl
Salz · Pfeffer aus der Mühle

1 Für die Kartoffel-Feldsalat-Sauce die Kartoffel schälen, waschen und in 1/2 cm große Würfel schneiden. Die Zwiebel schälen und in feine Würfel schneiden. Die Brühe mit dem Lorbeerblatt, dem Knoblauch und der Chilischote in einem Topf zum Kochen bringen. Die Kartoffel- und Zwiebelwürfel dazugeben und knapp unter dem Siedepunkt 15 bis 20 Minuten weich garen.

2 Inzwischen den Feldsalat verlesen, waschen und trocken schleudern, einige Blättchen als Garnitur beiseitelegen. Das Lorbeerblatt und die Chilischote aus der Brühe entfernen. Die Kartoffel mit der Brühe aufmixen. Die Sahne dazugeben und in der Brühe erhitzen, mit Salz und 1 Prise Cayennepfeffer würzen. Die Butter und den Feldsalat hinzufügen und alles mit dem Stabmixer zu einer glatten Sauce pürieren. Mit Zitronenschale und -saft sowie Muskatnuss abschmecken.

3 Für die Kartoffelwürfel die Kartoffel schälen, waschen und in 1/2 cm große Würfel schneiden. Die Kartoffelwürfel in kochendem Salzwasser 1 Minute blanchieren. Abgießen, kalt abschrecken und auf Küchenpapier gut abtropfen lassen. Das Öl in einer Pfanne erhitzen und die Kartoffelwürfel darin rundum goldbraun braten. Mit Salz und Pfeffer würzen.

4 Für die Karpfen die Fischfilets waschen, trocken tupfen und schräg in gut 1 cm breite Scheiben schneiden, dabei die Haut entfernen. Die Karpfenscheiben in dem Mehl wenden. Das Öl in einer Pfanne erhitzen und die Karpfenfilets darin bei mittlerer Hitze auf beiden Seiten jeweils etwa 1 Minute braten. Aus der Pfanne nehmen und auf Küchenpapier abtropfen lassen, mit Salz und Pfeffer würzen.

5 Die Kartoffel-Feldsalat-Sauce auf vorgewärmte Teller verteilen, den Fisch und die Kartoffelwürfel darauf anrichten. Mit dem beiseitegelegten Feldsalat garnieren.

Bayerwald-Forelle
mit Kartoffel-Buttermilch-Sauce

Zutaten für 4 Personen
Für die Forellen:

*4 Forellenfilets (à 100 g;
küchenfertig, mit Haut)*
1/4 l trockener Weißwein
1 Lorbeerblatt
*je 1/2 TL Koriander-, Senf-
und schwarze Pfefferkörner*
*je 1/2 TL Fenchelsamen und
Wacholderbeeren*
2 Gewürznelken · Salz
Butter für den Dämpfeinsatz
mildes Chilisalz

Für die Sauce und das Gemüse:
*400 g kleine festkochende
Kartoffeln*
1/8 l Gemüsebrühe
1 getrocknete rote Chilischote
1 Lorbeerblatt
1/2 Döschen Safranfäden (0,05 g)
80 g Buttermilch
*1 Msp. abgeriebene unbehandelte
Zitronenschale · 2 EL braune
Butter (siehe Tipp S. 34) · Salz*
*je 1 TL Fenchelsamen, Korian-
derkörner und ganzer Kümmel*
1 große Stange Lauch
150 g kleine Champignons
5 Stiele Petersilie · 1 EL Öl
50 ml trockener Weißwein
1 EL Noilly Prat (franz. Wermut)
1/8 l Gemüsebrühe · 1 EL Butter

1 Für die Forellen die Fischfilets waschen und trocken tupfen. Den Wein mit den Gewürzen und etwas Salz in einem großen Topf zum Kochen bringen. Den Dämpfeinsatz mit Butter einfetten und in den Topf setzen. Die Forellenfilets mit der Hautseite nach oben in den Dämpfeinsatz legen und zugedeckt bei milder Hitze etwa 5 Minuten garen. Dann den Topf vom Herd nehmen und die Fischfilets in der Resthitze 1 bis 2 Minuten fertig garen. Die Forellenfilets häuten und mit einem Löffel den Tran entfernen. Mit Chilisalz würzen.

2 Für die Sauce die Kartoffeln schälen, waschen und in gut 1/2 cm dicke Scheiben schneiden. Die Kartoffelscheiben mit der Brühe in einen Topf geben. Die Chilischote, das Lorbeerblatt und den Safran hinzufügen und die Kartoffeln zugedeckt knapp unter dem Siede-punkt 15 bis 20 Minuten gar ziehen lassen.

3 Die Kartoffeln in ein Sieb abgießen, dabei die Brühe auffangen. Von den Kartoffelscheiben 60 g für die Sauce abnehmen, den Rest beiseitelegen. Die Kartoffelbrühe mit Buttermilch, Zitronenschale, brauner Butter, 1 Prise Salz sowie den Kartoffelscheiben in einen hohen Rührbecher geben und mit dem Stabmixer zu einer feinen Sauce pürieren. Fenchel, Koriander und Kümmel in eine Gewürz-mühle füllen und die Sauce damit würzen.

4 Für das Gemüse den Lauch putzen, längs halbieren, waschen und quer in 1 bis 2 cm breite Streifen schneiden. Die Champignons put-zen, trocken abreiben und in 1/2 cm dicke Scheiben schneiden. Die Petersilie waschen, trocken schütteln und die Blätter abzupfen.

5 Das Öl in einem Topf erhitzen und den Lauch darin bei milder Hitze andünsten. Mit Wein und Noilly Prat ablöschen und die Flüs-sigkeit einkochen lassen. Dann die Brühe angießen und den Lauch zugedeckt knapp unter dem Siedepunkt etwa 6 Minuten garen. Die Champignons dazugeben und die Flüssigkeit offen fast vollständig einköcheln lassen. Die Petersilie und die Butter untermischen und das Lauch-Champignon-Gemüse mit Salz abschmecken.

6 Das Gemüse auf vorgewärmte Teller verteilen und die Kartoffel-scheiben darübergeben, die Forellenfilets darauf anrichten und mit der Kartoffel-Buttermilch-Sauce beträufeln.

Schweinebraten
mit Schmorgemüse und Zitronensalz

Zutaten für 4 Personen

1 l Hühnerbrühe
1 1/2 kg Schweineschulter
(mit Schwarte)
3 große weiße Zwiebeln
1 kleine Karotte
150 g Knollensellerie
1 EL Öl
400 g kleine festkochende
Kartoffeln
1 TL Puderzucker
1 EL Tomatenmark
150 ml leichter Rotwein
Salz · 1 kleines Lorbeerblatt
je 1/2 TL ganzer Kümmel
und Korianderkörner
1 Knoblauchzehe
(in Scheiben)
2 Scheiben Ingwer
Pfeffer aus der Mühle
1/2–1 TL abgeriebene unbe-
handelte Zitronenschale
1–2 EL Fleur de Sel

1 Den Backofen auf 130 °C vorheizen. Die Brühe in einen Bräter gießen, die Schweineschulter mit der Schwarte nach unten in den Bräter legen und im Ofen auf der mittleren Schiene 1 1/2 Stunden garen.

2 Die Zwiebeln schälen und in 1 bis 2 cm große Rauten schneiden. Die Karotte und den Sellerie putzen und schälen. Die Karotte längs halbieren und schräg in etwa 1/2 cm dicke Scheiben schneiden. Den Sellerie zunächst in gut 1/2 cm dicke Scheiben und dann in 1 bis 2 cm große Rauten schneiden. Das Gemüse in einer Pfanne im Öl bei mittlerer Hitze anbraten. Die Kartoffeln schälen und waschen.

3 Für die Sauce den Puderzucker in einem Topf bei milder Hitze hell karamellisieren. Das Tomatenmark unterrühren und kurz anrösten. Mit dem Wein ablöschen und sämig einköcheln lassen.

4 Den Schweinebraten aus dem Bräter nehmen, die Backofentemperatur auf 160 °C erhöhen. In die Schwarte mit einem scharfen Messer im Abstand von etwa 1 cm Streifen einritzen, so wie hinterher die Scheiben geschnitten werden. Die Brühe aus dem Bräter in den Topf mit dem Sauceansatz gießen und zurück in den Bräter geben. Das angebratene Gemüse mit den Kartoffeln dazugeben und den Schweinebraten mit der Schwarte nach oben daraufsetzen. Im Ofen auf der mittleren Schiene weitere 1 1/2 bis 2 Stunden garen.

5 Das Fleisch aus dem Ofen nehmen. Die Backofentemperatur auf 220 °C (Oberhitze) erhöhen oder den Umluftgrill einschalten. Den Schweinebraten mit der Schwarte nach oben auf ein Backblech setzen, die Schwarte mit Salz würzen und im Ofen auf der untersten Schiene etwa 20 Minuten knusprig braten.

6 Die Sauce durch ein Sieb in einen Topf gießen, das Gemüse beiseitestellen. Die Sauce eventuell entfetten. Das Lorbeerblatt mit Kümmel, Koriander, Knoblauch und Ingwer hinzufügen und die Sauce etwas einköcheln lassen. Mit Salz und Pfeffer würzen und durch ein Sieb gießen. Die Zitronenschale mit dem Fleur de Sel mischen.

7 Den Schweinebraten in Scheiben schneiden, mit dem Zitronensalz bestreuen und etwas Pfeffer darübermahlen. Das Fleisch mit dem Schmorgemüse und der Sauce auf vorgewärmten Tellern anrichten. Dazu passen Deggendorfer Knödel (siehe S. 47)

Wildschweinbraten
mit Kartoffelpüree

Zutaten für 4 Personen

Für den Wildschweinbraten:

3 Zwiebeln · 1 Karotte
150 g Knollensellerie
3 EL Öl · 2 TL Puderzucker
1 EL Tomatenmark
80 ml roter Portwein
1/4 l kräftiger Rotwein
3/4 l Hühnerbrühe
1 1/2 kg Wildschweinschulter
1 EL Wacholderbeeren
1 TL Fenchelsamen
je 1 TL Piment- und
schwarze Pfefferkörner
2 Lorbeerblätter
einige Splitter Zimtrinde
2 EL getrocknete Champignons
3 Scheiben Ingwer
1 Knoblauchzehe (in Scheiben)
1/2 TL dunkle Schokoladenraspel
1 Zweig Rosmarin

Für das Kartoffelpüree:

1 kg mehlig kochende Kartoffeln
Salz · 1/2 TL ganzer Kümmel
1/4 l Milch · 2 EL braune Butter
(siehe Tipp S. 34)
frisch geriebene Muskatnuss
1 Birne (z. B. Williams Christ)
1–2 TL Puderzucker
4 Scheiben Frühstücksspeck
1 EL Öl

1 Den Backofen auf 150 °C vorheizen. Die Zwiebeln schälen, die Karotte und den Sellerie putzen und schälen. Alles in 1 1/2 cm große Stücke schneiden. In einem Topf 1 EL Öl erhitzen und das Gemüse darin 2 bis 3 Minuten andünsten. Den Puderzucker darüberstäuben und karamellisieren, das Tomatenmark unterrühren und kurz anrösten. Den Portwein und ein Drittel des Rotweins hinzufügen und sämig einköcheln lassen. Den restlichen Rotwein in 2 Portionen dazugeben, jeweils einköcheln lassen und mit der Brühe auffüllen.

2 Das restliche Öl in einer Pfanne erhitzen und die Wildschweinschulter darin rundum anbraten. Das Fleisch in die Sauce legen und den Bräter mit dem Deckel verschließen. Den Wildschweinbraten im Ofen auf der mittleren Schiene etwa 2 1/2 Stunden weich schmoren.

3 Wacholder, Fenchel, Piment und Pfeffer in einer beschichteten Pfanne ohne Fett bei milder Hitze anrösten. Mit den Lorbeerblättern, Zimt, Champignons, Ingwer und Knoblauch 30 Minuten vor Ende der Garzeit in die Sauce geben und mitziehen lassen. Am Ende der Garzeit die Schokolade unter die Sauce rühren, den Rosmarin hinzufügen und einige Minuten ziehen lassen. Das Fleisch aus dem Bräter nehmen und warm halten. Die Sauce durch ein Sieb passieren, dabei das Gemüse etwas durchdrücken, und gegebenenfalls leicht mit Salz würzen.

4 Für das Kartoffelpüree die Kartoffeln waschen und in kochendem Salzwasser mit dem Kümmel weich garen. Abgießen, kurz ausdampfen lassen, noch heiß pellen und durch die Kartoffelpresse drücken. Die Milch erhitzen und mit einem Kochlöffel unterrühren. Die braune Butter hinzufügen und das Kartoffelpüree mit Salz und Muskatnuss würzen. Die Birne schälen, vierteln, entkernen und in 2 bis 3 mm große Würfel schneiden. Den Puderzucker in einer Pfanne bei milder Hitze hell karamellisieren. Die Birnenwürfel darin kurz andünsten und unter das Kartoffelpüree rühren.

5 Die Speckscheiben in etwa 3 cm breite Streifen schneiden, in einer Pfanne im Öl kross braten und auf Küchenpapier abtropfen lassen. Den Wildschweinbraten in Scheiben schneiden. Das Fleisch mit der Sauce und dem Kartoffelpüree auf vorgewärmten Tellern anrichten und mit den Speckstreifen bestreuen. Nach Belieben mit blanchierten, in Butter geschwenkten Rosenkohlblättern servieren und mit Rosmarin garnieren.

Bayerisches Kraut
mit Apfelsaft und Petersilie

1 Den Weißkohl putzen, die äußeren Blätter entfernen und den Strunk herausschneiden. Die Kohlblätter in Rauten schneiden. Die Zwiebel schälen und in feine Würfel schneiden.

2 Den Puderzucker in einem Topf bei mittlerer Hitze hell karamellisieren. Die Zwiebelwürfel hinzufügen und glasig dünsten. Den Kohl dazugeben und kurz mitdünsten.

3 Mit dem Apfelsaft und dem Wein ablöschen. Die Brühe angießen und den Kohl zugedeckt bei milder Hitze 20 bis 30 Minuten weich dünsten. Mit Salz sowie je 1 Prise Cayennepfeffer und Kümmel abschmecken.

4 Zuletzt die Petersilie, die Butter und die braune Butter unterrühren. Das Bayerische Kraut mit Essig abschmecken.

Schuhbecks Küchentipp

Das Bayerische Kraut passt zu Bratwürsten, gepökeltem Fleisch (wie z. B. Surhaxe), aber auch zu Schweinebraten, Schweinshaxe oder herzhaften Dampfnudeln. Nach Belieben kann man das Kraut noch mit angerösteten Speckwürfeln und frisch geschnittener Petersilie verfeinern.

Deggendorfer Knödel
in brauner Butter gebraten

Zutaten für 1 ofenfeste Form
(ca. 30 x 15 cm)
Für den hellen Teig:
1/2 Zwiebel · 100 g durch-
wachsener Speck (am Stück)
1–2 TL Öl
400 g Toastbrot
1/4 l Milch · 6 Eier
Salz · Pfeffer aus der Mühle
frisch geriebene Muskatnuss
1/2–1 TL abgeriebene unbe-
handelte Zitronenschale
1 EL Petersilie
(frisch geschnitten)

Für den dunklen Teig:
1/2 Zwiebel · 1 EL Öl
200 g dunkles Brot (Bauern-
oder Roggenbrot; vom Vortag)
100 ml Milch (oder
Hühnerbrühe) · 3 Eier
Salz · Pfeffer aus der Mühle
frisch geriebene Muskatnuss

Zum Fertigstellen:
Öl für die Form
4 EL braune Butter
(siehe Tipp S. 34)

1 Für den hellen Teig die Zwiebel schälen und ebenso wie den Speck in feine Würfel schneiden. Das Öl in einer Pfanne erhitzen und die Speckwürfel darin rundum knusprig braten. Herausnehmen und auf Küchenpapier abtropfen lassen. Die Zwiebel im Speckfett glasig dünsten.

2 Das Toastbrot entrinden und in etwa 1 cm große Würfel schneiden. Die Milch in einem Topf erhitzen. Den Topf vom Herd nehmen und die Eier unter die heiße Milch rühren. Die Eiermilch mit Salz, Pfeffer, Muskatnuss und Zitronenschale würzen und über die Brotwürfel gießen. Zugedeckt einige Minuten ziehen lassen. Petersilie, Speck und Zwiebel hinzufügen und locker untermischen.

3 Für den dunklen Teig die Zwiebel schälen und in feine Würfel schneiden. Das Öl in einer Pfanne erhitzen und die Zwiebelwürfel darin glasig dünsten. Das Brot in 1/2 cm große Würfel schneiden und mit den Zwiebelwürfeln mischen.

4 Die Milch in einem Topf erhitzen. Den Topf vom Herd nehmen und die Eier unter die heiße Milch rühren. Die Eiermilch mit Salz, Pfeffer und Muskatnuss würzen und über die Brotwürfel gießen. Zugedeckt einige Minuten ziehen lassen.

5 Den Backofen auf 160°C vorheizen. Die ofenfeste Form mit Öl einfetten und mit Backpapier auslegen. Die Hälfte des hellen Teigs in der Form verteilen und die Hälfte des dunklen Teigs darübergeben. Nochmals je eine Schicht hellen und dunklen Teig darauf verteilen. Mit Alufolie bedecken und im Ofen auf der mittleren Schiene etwa 1 Stunde backen.

6 Den Knödelauflauf aus der Form stürzen und das Backpapier entfernen. Den Auflauf in 2 cm dicke Scheiben schneiden und in einer Pfanne in der braunen Butter portionsweise bei mittlerer Hitze auf beiden Seiten goldbraun braten.

Bauchstecherl
mit Leberwurst und Vanille

Zutaten für 4 Personen

Salz · 1 TL ganzer Kümmel
800 g mehlig kochende
Kartoffeln
6 EL braune Butter
(siehe Tipp S. 34)
1 Eigelb
60 g doppelgriffiges Mehl
90 g Speisestärke
1–2 TL Liebstöckel
(frisch geschnitten)
200 g grobe Leberwurst
Pfeffer aus der Mühle
frisch geriebene Muskatnuss
Mehl zum Verarbeiten
1 kleine Zwiebel
1 Lorbeerblatt
2 Gewürznelken
1 Knoblauchzehe
1/2 Vanilleschote

1 In einem Topf reichlich Salzwasser mit 1 Prise Kümmel zu Kochen bringen. 600 g Kartoffeln waschen und darin weich garen. Abgießen, kurz ausdampfen lassen, möglichst heiß pellen und durch die Kartoffelpresse drücken. Die Kartoffelmasse ausgebreitet etwa 30 Minuten abkühlen lassen.

2 Die restlichen Kartoffeln schälen, waschen und auf der Küchenreibe fein raspeln. Die Kartoffelraspel in einem Küchentuch kräftig ausdrücken, dabei den austretenden Kartoffelsaft in einer Schüssel auffangen. Den Kartoffelsaft etwa 10 Minuten stehen lassen, bis sich die Stärke am Boden abgesetzt hat. Die Flüssigkeit abgießen und die Stärke unter die trockenen Kartoffelspäne mischen.

3 In einem kleinen Topf 2 EL braune Butter zerlassen, mit dem Eigelb, den durchgedrückten Kartoffeln und den Kartoffelspänen mischen. Das Mehl mit 50 g Speisestärke auf die Kartoffelmasse sieben und mit dem Liebstöckel unter die Kartoffelmasse kneten. Die restliche Speisestärke mit der Leberwurst mischen und ebenfalls unter die Kartoffeln kneten. Mit Salz, Pfeffer und Muskatnuss würzen.

4 Den Kartoffelteig in 3 Portionen teilen und auf der bemehlten Arbeitsfläche zu etwa 1 1/2 cm dicken Rollen formen. Die Teigrollen in 2 bis 3 cm breite Stücke schneiden und mit bemehlten Händen zu etwa 7 cm langen Bauchstecherl mit spitzen Enden formen.

5 Die Zwiebel schälen, mit dem Lorbeerblatt belegen und mit den Gewürznelken feststecken. Die gespickte Zwiebel in kochendem Salzwasser etwa 10 Minuten ziehen lassen. Die Bauchstecherl hinzufügen und bei milder Hitze etwa 5 Minuten mehr ziehen als köcheln lassen. Mit dem Schaumlöffel herausnehmen, kalt abschrecken und auf Küchenpapier abtropfen lassen.

6 Den Knoblauch schälen und in dickere Scheiben schneiden. Die restliche braune Butter in einer Pfanne erhitzen, die Bauchstecherl darin mit dem Knoblauch und der Vanilleschote rundum goldbraun braten. Knoblauch und Vanille entfernen und die Bauchstecherl nach Belieben auf einem Salatbett oder mit einem gemischten Blattsalat servieren.

Rohrnudeln
mit Holler-Zwetschgen-Ragout

Zutaten für 4 Personen

Für das Holler-
Zwetschgen-Ragout:
200 g reife Holunderbeeren
1 EL Speisestärke
200 ml trockener Rotwein
100 g Zucker
1/2 Vanilleschote
je 1 Streifen unbehandelte
Zitronen- und Orangenschale
2 cm Zimtrinde
1 Birne (ca. 200 g)
200 g Zwetschgen
1 TL Zitronensaft

Für die Rohrnudeln:
1/4 l Milch
1 Würfel Hefe (42 g)
600 g Mehl
100 g Zucker
4 Eigelb
1 EL Mandellikör
(z. B. Amaretto)
1 EL Rum · Salz
je 1 Msp. Vanillemark
und abgeriebene unbehan-
delte Zitronenschale
220 g weiche Butter
Puderzucker zum Bestäuben

1 Für das Holler-Zwetschgen-Ragout die Holunderbeeren verlesen, waschen und abtropfen lassen. Die Speisestärke mit 2 EL Wein glatt rühren. Den Zucker in einen Topf streuen und bei milder Hitze hell karamellisieren. Mit dem restlichen Wein ablöschen und aufkochen lassen. Die Speisestärke mit dem Schneebesen unterrühren und den Rotweinsud bei milder Hitze 4 bis 5 Minuten einköcheln lassen. Die Vanilleschote längs aufschneiden, mit den Zitrusschalen, dem Zimt und den Holunderbeeren in den Sud geben. Das Ragout knapp unter dem Siedepunkt 5 Minuten ziehen lassen.

2 Die Birne schälen, vierteln, entkernen und in dünne Spalten schneiden. Die Zwetschgen waschen, halbieren, entsteinen und ebenfalls in Spalten schneiden. Die Birnen- und Zwetschgenspalten in das Holunderragout geben und weich dünsten. Das Ragout mit Zitronensaft abschmecken und lauwarm abkühlen lassen. Die Gewürze entfernen.

3 Für die Rohrnudeln die Milch in einem Topf lauwarm erhitzen (etwa 30 °C). Die Hefe mit den Fingern zerbröckeln und in der Milch auflösen. Die Hefemilch mit Mehl, Zucker, Eigelben, Likör, Rum, Salz, Vanillemark und Zitronenschale mit den Knethaken des Handrührgeräts zu einem Teig verkneten. 100 g Butter hinzufügen und einige Minuten weiterkneten, bis ein geschmeidiger Teig entsteht. Den Teig in eine Schüssel geben, mit Frischhaltefolie bedecken und an einem warmen Ort etwa 30 Minuten gehen lassen. Nochmals kurz durchkneten und weitere 20 bis 30 Minuten gehen lassen.

4 Den Hefeteig aus der Schüssel nehmen, mit den Händen kurz durchkneten, in walnussgroße Stücke teilen und zu kleinen Kugeln formen. Die restliche Butter bei milder Hitze zerlassen, die Kugeln darin schwenken und nebeneinander in eine entsprechend große ofenfeste Form oder einen Bräter setzen. Den Teig nochmals 15 Minuten gehen lassen. Den Backofen auf 180 °C vorheizen.

5 Die Rohrnudeln im Ofen auf der mittleren Schiene 35 Minuten goldbraun backen. Aus dem Ofen nehmen, leicht abkühlen lassen und noch warm auseinanderbrechen. Die Rohrnudeln mit Puderzucker bestäuben und mit dem Zwetschgen-Holler-Ragout servieren.

Passauer Goldhauben

mit Mandeln und Nussnougat

Zutaten für ca. 35 Stück

35 schöne Mandelblättchen
100 g Vollmilchkuvertüre
250 g Nussnougatmasse
(Zimmertemperatur)
100 g weiche Butter
1 Msp. abgeriebene unbehandelte Orangenschale
100 g Zartbitterkuvertüre
50 g dunkle Kuchenglasur
1 Blatt essbares Blattgold
(aus dem Künstlerbedarf)

1 Die Mandelblättchen in einer beschichteten Pfanne ohne Fett anrösten und abkühlen lassen. Die Vollmilchkuvertüre hacken, in einer Metallschüssel im heißen Wasserbad unter Rühren schmelzen und aus dem Wasserbad nehmen. Den Nougat klein schneiden und mit der Butter mit den Quirlen des Handrührgeräts schaumig schlagen, dabei nach und nach die handwarme flüssige Kuvertüre hinzufügen. Die Orangenschale dazugeben und weiterschlagen, bis eine schaumige, möglichst spritzfähige Masse entsteht.

2 Etwa drei Viertel der Pralinenmasse in einen Spritzbeutel mit großer Lochtülle und den Rest in einen Spritzbeutel mit kleiner Lochtülle füllen. Mit der großen Lochtülle große Halbkugeln auf einen Bogen Backpapier spritzen. Mit der kleinen Tülle jeweils kleine Halbkugeln daraufsetzen und je 1 Mandelblättchen seitlich zwischen die beiden Tupfen stecken. Die Pralinen im Kühlschrank etwa 15 Minuten fest werden lassen.

3 Für die Glasur die Zartbitterkuvertüre hacken und mit der Kuchenglasur in einer Metallschüssel im heißen Wasserbad unter Rühren schmelzen. Die Pralinen nacheinander mit einer Pralinengabel in die flüssige Schokolade tauchen, kurz abtropfen lassen und auf ein Pralinengitter oder einen Bogen Backpapier setzen. Mit einer Pinzette jeweils 1 kleines Stück Blattgold auf die Trüffel setzen.

Schuhbecks Küchentipp

*Wenn die Pralinenmasse zu weich ist, lassen Sie sie einfach
noch etwas abkühlen, bevor Sie sie in die Spritzbeutel füllen.
Ist die Masse zu fest, sollte man sie noch einmal kurz ins warme
Wasserbad stellen. Damit die Pralinen optimal gelingen, ist es
wichtig, sie immer nur einzeln in die Glasur zu tauchen –
die zarte Pralinenmasse würde sonst in der warmen Glasur
schnell schmelzen.*

Scheiterhaufen

mit Böhmischem Wind und Gewürzzwetschgen

Zutaten für 4 Personen

Für den Scheiterhaufen:
2 EL Rosinen · 1–2 EL Rum
1 Apfel · 1 Birne
1 EL Butter · 1–2 EL Zucker
2–3 EL Apfelsaft
2–3 Milchbrötchen (ersatzweise
Rosinenbrötchen oder Brioche)
50 g Nussnougatmasse
Butter für die Form
2 EL geröstete Mandelblättchen
Puderzucker zum Bestäuben

Für die Eiermilch:
1 Ei · 120 ml Milch
120 g Sahne · 5 Eigelb
3 EL Zucker · 1 EL Rum
Mark von 1/2 Vanilleschote

Für den Böhmischen Wind:
5 Eiweiß
150 g Zucker · Salz

Für die Gewürzzwetschgen:
500 g Zwetschgen
1/2 Vanilleschote
2–3 EL Zucker
1 EL Pflaumenschnaps
1 EL Butter
je 1 TL Fenchelsamen,
Koriander- und
schwarze Pfefferkörner
mildes Chilipulver

1 Für den Scheiterhaufen Rosinen und Rum in einem Schälchen mischen. Den Apfel und die Birne schälen, vierteln, entkernen und in 3 bis 4 mm dicke Scheiben schneiden. Die Butter in einer Pfanne erhitzen, die Apfel- und Birnenscheiben darin bei milder Hitze mit dem Zucker und dem Apfelsaft auf beiden Seiten 2 Minuten braten. Den Backofen auf 170°C vorheizen.

2 Für die Eiermilch das Ei mit der Milch, der Sahne, den Eigelben, dem Zucker, dem Rum und dem Vanillemark verquirlen. Für den Böhmischen Wind die Eiweiße mit dem Zucker und 1 Prise Salz zu steifem Schnee schlagen.

3 Für den Scheiterhaufen die Milchbrötchen in 1/2 cm dicke Scheiben schneiden. Den Nougat in Würfel schneiden. Eine große ofenfeste oder vier Portionsförmchen (à 200 ml Inhalt) mit Butter einfetten. Die Form bzw. Förmchen mit der Hälfte der Brötchenscheiben auslegen und die Apfel-Birnen-Mischung darauf verteilen. Die Rumrosinen, die Mandelblättchen und den Nougat darübergeben und mit den restlichen Brötchenscheiben belegen. Nach und nach die Eiermilch darübergießen. Den Scheiterhaufen im Ofen auf der mittleren Schiene 35 Minuten anbacken (wenn man den Scheiterhaufen in Portionsförmchen zubereitet, reichen 15 Minuten zum Anbacken).

4 Den Scheiterhaufen aus dem Ofen nehmen, den Böhmischen Wind darauf verteilen und mit dem Teigschaber Spitzen hochziehen. Den Scheiterhaufen zurück in den Ofen stellen und weitere 20 Minuten goldbraun backen.

5 Inzwischen für die Gewürzzwetschgen die Zwetschgen waschen, halbieren und entsteinen. Die Vanilleschote längs aufschneiden. Die Zwetschgen mit der Vanilleschote und dem Zucker in eine Pfanne geben und bei milder Hitze einige Minuten andünsten. Mit dem Pflaumenschnaps ablöschen und die Butter unterrühren. Die Fenchelsamen, Koriander- und Pfefferkörner in eine Gewürzmühle füllen. Die Zwetschgen mit den Gewürzen aus der Mühle und 1 kleinen Prise Chilipulver würzen.

6 Den Scheiterhaufen aus dem Ofen nehmen und großzügig mit Puderzucker bestäuben. Mit den Gewürzzwetschgen auf Desserttellern anrichten und nach Belieben mit Minzeblättern garnieren.

Bayerisch Schwaben & Bodensee

Steinpilzmaultaschen
mit Blattspinat

Zutaten für 4 Personen
Für den Nudelteig:
210 g Mehl
90 g Hartweizengrieß
3 kleine Eier
2–3 EL Olivenöl
Salz

Für die Steinpilzfüllung:
500 g Steinpilze (ersatzweise
Champignons oder Egerlinge)
1 TL Öl
gemahlener Kümmel
1/2 TL abgeriebene unbe-
handelte Zitronenschale
1 EL Petersilie (frisch geschnitten)
250 g Blattspinat
Salz · Pfeffer aus der Mühle

Außerdem:
Mehl zum Ausrollen
2 Eier · Salz
2–3 EL braune Butter
(siehe Tipp S. 34)

1 Für den Nudelteig das Mehl, den Grieß, die Eier, das Olivenöl und 1 Prise Salz zu einem festen, glatten Teig verkneten. Den Teig in Frischhaltefolie wickeln und im Kühlschrank etwa 30 Minuten ruhen lassen.

2 Für die Steinpilzfüllung die Pilze putzen, trocken abreiben und klein schneiden. Das Öl in einer Pfanne erhitzen und die Pilze darin bei mittlerer Hitze einige Minuten dünsten. Mit 1 Prise Kümmel, der Zitronenschale und der Petersilie würzen. Den Spinat verlesen, waschen und trocken schleudern, grobe Stiele entfernen. In kochendem Salzwasser 1 bis 2 Minuten bissfest blanchieren, in ein Sieb abgießen, kalt abschrecken und abtropfen lassen. Die Spinatblätter mit den Händen gut ausdrücken, hacken und mit den gedünsteten Pilzen mischen. Die Füllung mit Salz und Pfeffer würzen.

3 Den Teig mithilfe der Nudelmaschine oder mit dem Nudelholz in nicht zu dünne, etwa 12 cm breite Bahnen ausrollen, dabei mit etwas Mehl bestäuben. Jede Teigbahn nach dem Ausrollen mit Frischhaltefolie bedecken.

4 Die Teigbahnen mit den verquirlten Eiern bestreichen. Die Füllung in einem langen Strang knapp 1 cm hoch darauf verteilen, dabei an der oberen Längsseite einen etwa 2 1/2 cm breiten Rand frei lassen. Die gefüllte Nudelbahn der Länge nach von unten nach oben aufrollen. Mit einem Kochlöffelstiel im Abstand von etwa 3 cm Maultaschen abdrücken. An dem flach gedrückten Teigstück die Maultaschen durchschneiden und die Teigenden von jeder Maultasche nochmals andrücken.

5 Die Maultaschen in leicht siedendem Salzwasser – oder nach Belieben in Gemüsebrühe – 5 bis 8 Minuten gar ziehen lassen. Mit dem Schaumlöffel herausheben und abtropfen lassen. Die braune Butter in einer Pfanne zerlassen und die Maultaschen darin wenden. Nach Belieben mit gebräunten Zwiebelstreifen und einem gemischten Blattsalat anrichten.

Schwäbische Krautkrapfen
mit Zwiebeln und Speck

Zutaten für 4 Personen
Für den Nudelteig:
280 g Mehl
120 g Hartweizengrieß
4 Eier · 3–4 EL Rapsöl
Salz

Für die Krautfüllung:
1 große Zwiebel
300 g durchwachsener Speck
1 EL Öl
1,2 kg Sauerkraut (aus der Dose)
1/8 l trockener Weißwein
150 ml Gemüsebrühe
1/2 TL schwarze Pfefferkörner
1/2 TL Wacholderbeeren
1 TL ganzer Kümmel
1 Lorbeerblatt
2 EL Butter · 3 EL Apfelmus
(aus dem Glas)
Cayennepfeffer · Zucker

Außerdem:
Mehl zum Ausrollen
4 EL braune Butter
(siehe Tipp S. 34)
100 ml Gemüsebrühe

1 Für den Nudelteig das Mehl, den Grieß, die Eier, das Öl und 1 Prise Salz zu einem festen, glatten Teig verkneten. Den Teig in Frischhaltefolie wickeln und im Kühlschrank etwa 30 Minuten ruhen lassen.

2 Für die Krautfüllung die Zwiebel schälen und ebenso wie den Speck in feine Würfel schneiden. Das Öl in einem Topf erhitzen, die Zwiebel- und Speckwürfel darin bei milder Hitze andünsten. Das Sauerkraut dazugeben und kurz mitdünsten. Mit dem Wein ablöschen und fast vollständig einköcheln lassen, dann die Brühe dazugießen. Die Pfefferkörner, die angedrückten Wacholderbeeren, den Kümmel und das Lorbeerblatt in ein Gewürzsäckchen füllen (siehe Tipp S. 16), verschließen und in das Kraut legen. Das Sauerkraut bei milder Hitze 20 Minuten garen, bis die Flüssigkeit fast vollständig eingeköchelt ist. Dabei den Topfdeckel so auflegen, dass ein Spalt offen bleibt.

3 Am Ende der Garzeit das Gewürzsäckchen aus dem Kraut entfernen. Die Butter und das Apfelmus unterrühren und die Füllung mit je 1 Prise Cayennepfeffer und Zucker und eventuell etwas Salz abschmecken. Auskühlen lassen.

4 Den Nudelteig mithilfe der Nudelmaschine oder mit dem Nudelholz zu etwa 20 cm breiten und 2 mm dicken Bahnen ausrollen, dabei mit etwas Mehl bestäuben. Die Nudelbahnen in 40 cm lange Stücke schneiden. Die Krautfüllung auf den Nudelplatten verteilen, dabei jeweils an einer Breitseite einen 2 cm breiten Rand frei lassen und diesen mit etwas Wasser bestreichen. Die Nudelplatten von der anderen Seite her fest aufrollen. Jede gefüllte Nudelrolle mit einem scharfen Messer in 5 etwa 4 cm breite Stücke schneiden.

5 Die braune Butter in einer tiefen Pfanne erhitzen und die Krautkrapfen darin auf der Schnittseite anbraten. Wenden, die Brühe dazugießen und die Krautkrapfen zugedeckt bei milder Hitze etwa 30 Minuten garen. Dazu passt ein gemischter Blattsalat.

Gaisburger Marsch
mit Würstchen und Spätzle

Zutaten für 4 Personen

Für die Rindersuppe:

800 g Rinderbrust
2 EL Öl
2 Zwiebeln
200 g Knollensellerie
1 Karotte
1 Lorbeerblatt
3 Pimentkörner
3 Wacholderbeeren
Salz · Pfeffer aus der Mühle

Für die Einlage:

200 g kleine festkochende Kartoffeln
1 Zwiebel
2 Karotten
200 g Knollensellerie
1/4 Stange Lauch
1 EL Petersilie (frisch geschnitten)
2 Wiener Würstchen

Für die Spätzle:

100 g doppelgriffiges Mehl
2 Eier · Salz
1 TL Öl

Zum Anrichten:

1 große Zwiebel
1 EL Butter
frisch geriebene Muskatnuss
1 EL Schnittlauchröllchen

1 Für die Rindersuppe die Rinderbrust in einem großen Topf im Öl bei mittlerer Hitze rundum anbraten. Etwa 3 l Wasser dazugießen, sodass das Fleisch gut bedeckt ist, und das Fleisch knapp unter dem Siedepunkt 3 Stunden gar ziehen lassen. Dabei den aufsteigenden Schaum abschöpfen.

2 Inzwischen 1 Zwiebel ungeschält halbieren und die Schnittflächen in einer unbeschichteten Pfanne auf einem Stück Alufolie ohne Fett dunkel bräunen. Von der Folie nehmen und nach 1 Stunde Garzeit zur Brühe geben.

3 Die restliche Zwiebel schälen, den Sellerie und die Karotte putzen und schälen. Zwiebel und Sellerie in etwa 1 cm große Stücke, die Karotte in Scheiben schneiden. Das Gemüse nach 2 1/2 Stunden mit den Gewürzen in die Suppe geben. Am Ende der Garzeit die Suppe mit Salz und Pfeffer würzen. Das Fleisch herausheben, die Suppe durch ein mit einem Küchentuch ausgelegtes Sieb gießen und das Fleisch wieder in die Suppe geben.

4 Für die Einlage die Kartoffeln schälen, waschen und halbieren oder vierteln. Die Zwiebel schälen, Karotten und Sellerie putzen und schälen. Das Gemüse in 1 cm große Stücke schneiden. Von der Suppe 1,2 l abmessen, die Kartoffeln und das Gemüse darin knapp unter dem Siedepunkt etwa 30 Minuten gar ziehen lassen. Den Lauch putzen, waschen und in 1 cm breite Streifen schneiden, nach 15 Minuten Garzeit hinzufügen. Vom Rindfleisch das Fett entfernen, das Fleisch in 1 cm große Stücke schneiden und mit der Petersilie in die Suppe geben.

5 Für die Spätzle das Mehl mit den Eiern, 1 TL Salz und dem Öl verkneten und 3 bis 5 Minuten weiterkneten, bis der Teig Blasen wirft. In einem großen Topf reichlich Salzwasser zum Kochen bringen. Den Spätzlehobel kurz in das Wasser tauchen, den Teig einfüllen und die Spätzle in das siedende Salzwasser hobeln. Einmal kurz aufkochen lassen und in ein Sieb abgießen.

6 Die Würstchen in dicke Scheiben schneiden, mit den Spätzle in die Suppe geben und kurz darin erhitzen. Die Zwiebel schälen, in Scheiben schneiden und in einer Pfanne in der Butter bei mittlerer Hitze hell rösten. Etwas Muskatnuss in tiefe Teller reiben, den Eintopf darauf verteilen, mit Röstzwiebeln und Schnittlauch bestreuen.

Bregenzer Fischsuppe
mit Safranbaguette

Zutaten für 4 Personen

Für die Suppe:

je ¹/₂ TL Fenchelsamen,
Koriander- und Senfkörner
2 Zwiebeln · ¹/₂ kleine Karotte
1 Stange Staudensellerie
¹/₄ Fenchelknolle · 2 Lorbeerblätter
1 Knoblauchzehe
2 Scheiben Ingwer · 1 EL Olivenöl
180 ml trockener badischer
Weißwein · 1,2 l Gemüsebrühe
50 g kleine Champignons
10 Cocktailtomaten
100 g Räucheraalfilet
(küchenfertig; ohne Haut)
0,1 g Safranfäden
2 Gewürznelken · Salz
300 g gemischte Filets von Süß-
wasserfischen (z. B. Felchen,
Zander, Hecht, Barsch; küchenfertig, ohne Haut)
je 1 EL Kerbel, Petersilie und
Staudensellerieblätter

Für die Safranbaguettes:

100 g mehlig kochende Kartoffeln
Salz · 1 kleine Knoblauchzehe
Chilisalz · 0,1 g Safranfäden
2 EL warme Gemüsebrühe
100 g Mayonnaise
1–2 EL flüssige braune Butter
(siehe Tipp S. 34) · 2–3 EL Olivenöl · 8 Baguettescheiben

1 Für die Suppe Fenchelsamen, Koriander- und Senfkörner im Mörser fein zermahlen. Die Zwiebeln schälen, die Karotte putzen und schälen, den Staudensellerie und den Fenchel putzen und waschen. Eine Zwiebel und den Fenchel in 1¹/₂ cm große Blätter schneiden. Die Karotte und den Sellerie in Scheiben schneiden.

2 Das Gemüse mit der Gewürzmischung, 1 Lorbeerblatt, dem geschälten Knoblauch und dem Ingwer in einem Topf im Olivenöl bei milder Hitze andünsten. Mit dem Wein ablöschen und etwas einköcheln lassen. Die Brühe angießen und das Gemüse knapp unter dem Siedepunkt etwa 30 Minuten gar ziehen lassen.

3 Die Champignons putzen, trocken abreiben und in Scheiben schneiden. Die Cocktailtomaten waschen und vierteln. Den Aal in kleine Stücke schneiden und mit dem Safran in die Suppe geben, die Suppe nicht mehr kochen lassen.

4 Das restliche Lorbeerblatt mit den Gewürznelken auf der übrigen Zwiebel feststecken. Einen Topf mit Wasser und der gespickten Zwiebel aufkochen und salzen. Die Fischfilets waschen, trocken tupfen und in 1¹/₂ cm große Stücke schneiden. Den Sud vom Herd nehmen und die Fischstücke darin 3 Minuten ziehen lassen. Mit dem Schaumlöffel herausnehmen und in die Suppe geben.

5 Lorbeerblatt und Ingwer aus der Suppe entfernen, die Kräuterblätter klein schneiden und mit den Pilzen und den Tomaten zur Suppe geben. Die Suppe nach Belieben mit etwas Salz würzen.

6 Für die Safranbaguettes die Kartoffeln schälen, waschen, in kleine Würfel schneiden und in kochendem Salzwasser weich garen. Die Kartoffeln in ein Sieb abgießen, abtropfen lassen und durch das Sieb drücken. Den Knoblauch schälen und klein schneiden, mit 1 kräftigen Prise Chilisalz bestreuen und zerdrücken. Die Safranfäden in der Brühe 5 Minuten ziehen lassen. Den Kartoffelschnee mit der Safranbrühe, dem Knoblauch, der Mayonnaise und der braunen Butter verrühren.

7 Das Olivenöl in einer Pfanne erhitzen und die Baguettescheiben darin auf beiden Seiten knusprig braun braten. Mit der Safranmayonnaise bestreichen und zu der Bregenzer Fischsuppe reichen.

Rote-Bete-Carpaccio mit Surhaxe
und Blumenkohl-Vinaigrette

Zutaten für 4 Personen

Für die Surhaxen:

1 Zwiebel
1 Lorbeerblatt
2 Gewürznelken
1 Schuss Weißweinessig
1 TL Zucker
2 gepökelte Schweinshaxen
(à ca. 1 1/2 kg; mit Schwarte)
1 TL schwarze Pfefferkörner
3 Wacholderbeeren

Für die Vinaigrette:

200 g Blumenkohl
1/2 ausgekratzte Vanilleschote
1–2 EL mildes Olivenöl · Salz
mildes Chilipulver
1/2–1 TL Currypulver
100 ml Gemüsebrühe
2 EL Rotweinessig
1 TL scharfer Senf
4 EL Olivenöl
3 Frühlingszwiebeln

Für das Carpaccio:

600 g Rote Bete (vorgegart;
vakuumverpackt)

1 Für die Surhaxen die Zwiebel schälen und das Lorbeerblatt mit den Gewürznelken darauf feststecken. In einem großen Topf 4 l Wasser erhitzen. Die gespickte Zwiebel, den Essig und den Zucker hinzufügen und den Sud einmal aufkochen lassen.

2 Die Schweinshaxen in den Sud legen und bei milder Hitze etwa 2 1/2 Stunden weich garen, bis sich das Fleisch von den Knochen lösen lässt. 30 Minuten vor Ende der Garzeit die Pfefferkörner und die Wacholderbeeren hinzufügen.

3 Die Haxen aus dem Sud nehmen und etwas abkühlen lassen. Die Schwarte entfernen und das Fleisch von den Knochen lösen. Das magere Fleisch gegen den Faserverlauf in Scheiben schneiden.

4 Für die Vinaigrette den Blumenkohl putzen, waschen und in sehr kleine Röschen teilen. Die Blumenkohlröschen mit der Vanilleschote in einer Pfanne im Olivenöl bei milder Hitze 5 bis 6 Minuten braten, bis sie gar sind. Mit Salz, Chilipulver und Curry würzen.

5 Die Brühe mit dem Essig, dem Senf, etwas Salz und Chilipulver und dem Olivenöl mit dem Stabmixer zu einer Vinaigrette verrühren. Die Frühlingszwiebeln putzen, waschen, in Ringe schneiden und mit der Vinaigrette unter den warmen Blumenkohl mischen.

6 Für das Carpaccio die Rote Bete in dünne Scheiben schneiden oder hobeln. Die Scheiben fächerförmig und leicht überlappend auf Tellern auslegen. Das Carpaccio mit der Blumenkohl-Vinaigrette beträufeln, die Fleischscheiben darauf verteilen und nach Belieben mit kleinen Salatblättern garniert servieren.

Schuhbecks Küchentipp

Wer möchte, kann die Rote Bete natürlich auch selbst garen. Dafür von den Knollen die Blätter abschneiden, dabei aber unbedingt darauf achten, dass die Knollen nicht verletzt werden. Eine angeschnittene Rote-Bete-Knolle würde beim Kochen »ausbluten« und Farbe an das Kochwasser verlieren. Das Kochwasser mit 1 TL ganzem Kümmel und Salz würzen.

Gebratenes Felchenfilet
auf Bohnen-Tomaten-Salat

Zutaten für 4 Personen

Für den Bohnen-Tomaten-Salat:

70 ml Gemüsebrühe
1 Scheibe Knoblauch
1 Msp. abgeriebene unbehandelte Zitronenschale
getrocknetes Bohnenkraut
1–2 EL Rotweinessig
$1/2$–1 TL scharfer Senf
1 EL saure Sahne
4 EL mildes Olivenöl
Salz · Pfeffer aus der Mühle
Zucker · 4 Tomaten
350 g feine grüne Bohnen
1 EL Petersilie
(frisch geschnitten)

Für den Fisch:

4 Felchenfilets (à ca. 80 g;
küchenfertig, mit Haut)
3 EL doppelgriffiges Mehl
1–2 EL Öl
mildes Chilisalz

1 Für den Bohnen-Tomaten-Salat die Brühe in einem Topf erhitzen und vom Herd nehmen. Den Knoblauch, die Zitronenschale und 1 Prise Bohnenkraut hinzufügen und 5 Minuten darin ziehen lassen. Die Brühe durch ein Sieb gießen, den Essig, den Senf und die saure Sahne mit dem Stabmixer unterrühren. Nach und nach das Olivenöl dazugeben und untermixen. Das Dressing mit Salz, Pfeffer und 1 Prise Zucker abschmecken.

2 Die Tomaten kreuzweise einritzen, überbrühen, kalt abschrecken und häuten. Die Tomaten vierteln, entkernen und in Spalten schneiden. Die Bohnen putzen, waschen, in 3 bis 4 cm lange Stücke schneiden und in kochendem Salzwasser fast weich garen. In ein Sieb abgießen, kalt abschrecken und abtropfen lassen. Die Tomaten mit den Bohnen, der Petersilie und dem Dressing mischen.

3 Für den Fisch die Felchenfilets waschen, trocken tupfen und schräg halbieren, die Hautseite mit dem Mehl bestäuben. Das Öl in einer Pfanne erhitzen und die Fischfilets darin auf der Hautseite bei mittlerer Hitze 2 bis 3 Minuten anbraten. Die Filets wenden, die Pfanne vom Herd nehmen und die Filets in der Resthitze etwa 1 Minute glasig durchziehen lassen. Auf Küchenpapier abtropfen lassen und mit Chilisalz würzen.

4 Den Bohnen-Tomaten-Salat auf Teller verteilen und je 2 Felchenfiletstücke darauf anrichten.

Schuhbecks Küchentipp

Das Dressing lässt sich gut auf Vorrat zubereiten und hält sich gut verschlossen im Kühlschrank bis zu 1 Woche. Es eignet sich auch sehr gut für gemischte Blattsalate und Partysalate, wie z. B. Geflügel- oder Nudelsalat.

Donauzander auf Linsen
mit Frühlingszwiebeln und Speck

Zutaten für 4 Personen

Für die Linsen:

150 g Berglinsen
(kleine grüne Linsen)
1/2 Zwiebel · 1 Kartoffel
je 30 g Karotte und Knollen-
sellerie (in kleinen Würfeln)
1 EL Öl · 1 TL brauner Zucker
1 EL Tomatenmark
80 ml trockener Rotwein
1/2 l Hühnerbrühe
1 Lorbeerblatt
1 Knoblauchzehe (in Scheiben)
2–3 Scheiben Ingwer
1 Zweig Thymian
3 Streifen unbehandelte
Zitronenschale
30 g Lauch (in feinen Ringen)
Salz · Cayennepfeffer
1–2 TL Rotweinessig
1–2 EL Aceto balsamico
1 EL Petersilie (frisch geschnitten)

Für den Fisch:

500 g Zanderfilet (küchenfertig;
mit Haut) · 1 EL Öl
Salz · Pfeffer aus der Mühle

Zum Anrichten:

4 Scheiben Frühstücksspeck
8 kleine Frühlingszwiebeln
Salz · 1 EL Butter
Pfeffer aus der Mühle

1 Die Linsen 2 Stunden (oder über Nacht) in reichlich kaltem Wasser einweichen. Dann in ein Sieb abgießen und abtropfen lassen.

2 Die Zwiebel schälen und in feine Würfel schneiden. Die Kartoffel schälen, waschen und in kleine Würfel schneiden. Zwiebel, Kartoffel, Karotte und Sellerie in einem Topf im Öl bei milder Hitze mit dem braunen Zucker andünsten. Das Tomatenmark unterrühren und kurz anrösten. Mit dem Wein ablöschen und etwas einköcheln lassen. Die Linsen hinzufügen, die Brühe angießen und knapp unter dem Siedepunkt 20 bis 30 Minuten mehr ziehen als köcheln lassen.

3 Nach 15 Minuten Garzeit Lorbeerblatt, Knoblauch, Ingwer, Thymianzweig und Zitronenschale hinzufügen und am Ende der Garzeit wieder entfernen. Zuletzt den Lauch dazugeben und das Linsengemüse mit Salz, 1 Prise Cayennepfeffer und beiden Essigsorten abschmecken, die Petersilie untermischen.

4 Für den Fisch das Zanderfilet waschen, trocken tupfen und in 4 gleich große Stücke schneiden. Das Öl in einer Pfanne erhitzen und die Fischfilets darin auf der Hautseite bei mittlerer Hitze 3 bis 4 Minuten kross anbraten. Den Fisch wenden, die Pfanne vom Herd nehmen und die Filets in der Resthitze glasig durchziehen lassen. Auf Küchenpapier abtropfen lassen und mit Salz und Pfeffer würzen.

5 Die Speckscheiben in einer Pfanne ohne Fett bei milder Hitze kross anbraten und auf Küchenpapier abtropfen lassen. Die Frühlingszwiebeln putzen, waschen und das dunkle Grün entfernen. In kochendem Salzwasser einige Minuten bissfest garen. In ein Sieb abgießen, kalt abschrecken und abtropfen lassen. In einer kleinen Pfanne die Butter erhitzen und die Frühlingszwiebeln darin bei milder Hitze schwenken, mit Salz und Pfeffer würzen. Die Linsen auf vorgewärmten Tellern anrichten und die Zanderfiletstücke daraufsetzen. Mit je 1 Speckscheibe und 2 Frühlingszwiebeln garnieren.

Schuhbecks Küchentipp

Damit das dünnere Endstück des Zanderfilets saftig bleibt und nicht zu schnell durchgart, sollte man nach 1 bis 2 Minuten Bratzeit eine 3 bis 4 mm dicke Kartoffelscheibe unterlegen.

Kalbsragout
mit Rotwein

Zutaten für 4 Personen

2 Zwiebeln · 1 Karotte
100 g Knollensellerie
2 reife Tomaten
1,2 kg ausgelöste Kalbsschulter
(Schaufelbug)
2 EL Öl · 1 TL Puderzucker
1 EL Tomatenmark
150 ml trockener Rotwein
1 l Hühnerbrühe
10 g getrocknete Champignons
(oder Egerlinge)
1 Lorbeerblatt
3 Wacholderbeeren
100 g Sahne
2 Stiele Petersilie
1 Knoblauchzehe (halbiert)
1 Streifen unbehandelte
Zitronenschale
Salz · Cayennepfeffer

1 Die Zwiebeln schälen, die Karotte und den Sellerie putzen und schälen. Das Gemüse in 1 bis 2 cm große Würfel schneiden. Die Tomaten waschen und in Achtel schneiden, dabei die Stielansätze entfernen.

2 Das Kalbfleisch in etwa 3 cm große Würfel schneiden. In einem Bräter 1 EL Öl erhitzen, die Fleischwürfel darin bei mittlerer Hitze rundum anbraten und wieder herausnehmen. Das Bratfett abgießen, den Puderzucker in den Bräter stäuben und hell karamellisieren. Das Tomatenmark unterrühren und kurz anrösten. Mit der Hälfte des Weins ablöschen und sämig einköcheln lassen. Den restlichen Wein dazugießen, nochmals etwas einköcheln lassen und die Brühe dazugießen.

3 Die Zwiebeln, die Karotte und den Sellerie in einer Pfanne im restlichen Öl bei mittlerer Hitze andünsten. Das Gemüse mit den Tomaten in den Bräter geben, die angebratenen Fleischwürfel ebenfalls hinzufügen. Das Ragout etwa 3 Stunden mehr ziehen als köcheln lassen, dabei den Bräterdeckel so auflegen, dass ein Spalt offen bleibt.

4 Die getrockneten Pilze mit dem Lorbeerblatt und den Wacholderbeeren 20 Minuten vor Ende der Garzeit zum Ragout geben. Zum Schluss die Sahne unterrühren und Petersilie, Knoblauch und Zitronenschale dazugeben. Einige Minuten darin ziehen lassen.

5 Das Kalbfleisch aus dem Ragout nehmen, die Sauce durch ein Sieb in einen Topf gießen, dabei das Gemüse gut ausdrücken. Die Sauce mit Salz und 1 Prise Cayennepfeffer abschmecken, das Fleisch wieder hinzufügen und nochmals in der Sauce erwärmen.

Schuhbecks Küchentipp

Je nach Vorliebe kann man die süße Sahne auch durch saure Sahne ersetzen. Die Sauce dann allerdings nicht mehr kochen lassen, damit sie nicht ausflockt. Zu dem Ragout passen als Beilage Bandnudeln, Spätzle oder Kartoffelpüree.

Hirschragout mit Dörrobst
und Johannisbeergelee

Zutaten für 4 Personen

70 g getrocknete Aprikosen
70 ml Apfelsaft
130 g Dörrpflaumen
70 ml roter Portwein
1 kg Hirschfleisch
(aus der Schulter)
2 Zwiebeln · 1 Karotte
150 g Knollensellerie
2 EL Öl · 1 EL Tomatenmark
4 cl Cognac
300 ml trockener Rotwein
¾ l Hühnerbrühe
2 Lorbeerblätter
1 TL Wacholderbeeren
(angedrückt)
je ½ TL schwarze Pfeffer-
und Korianderkörner
½–1 TL Pimentkörner
½ Knoblauchzehe (in Scheiben) · 1 Splitter Zimtrinde
½ ausgekratzte Vanilleschote
1 Streifen unbehandelte
Zitronenschale
1 Msp. abgeriebene unbehandelte Orangenschale
1 EL Speisestärke
10 g Zartbitterschokolade
1 EL Johannisbeergelee
mildes Chilipulver
Salz · Pfeffer aus der Mühle
1–2 TL Rotweinessig
1 EL Butter

1 Für das Obst die Aprikosen im Apfelsaft und 70 g Pflaumen im Portwein mehrere Stunden einweichen. Für das Ragout das Hirschfleisch von groben Sehnen befreien und in 3 bis 4 cm große Würfel schneiden. Die Zwiebeln schälen, Karotte und Sellerie putzen und schälen. Das Gemüse in 1 cm große Würfel schneiden und in einer Pfanne in 1 EL Öl 2 bis 3 Minuten andünsten.

2 Das Fleisch in einem breiten Topf im restlichen Öl bei mittlerer Hitze portionsweise rundum anbraten und herausnehmen. Das Gemüse hinzufügen und kurz andünsten, das Tomatenmark unterrühren und etwas anrösten. Mit Cognac und nach und nach je einem Drittel Wein ablöschen und jeweils einköcheln lassen. Die Brühe angießen und das Hirschfleisch in der Sauce knapp unter dem Siedepunkt 1½ Stunden weich schmoren. Nach 1 Stunde Garzeit Lorbeerblätter, Wacholderbeeren, Pfeffer-, Koriander- und Pimentkörner dazugeben. Knoblauch, Zimt, Vanilleschote, Zitronen- und Orangenschale und die restlichen Dörrpflaumen hinzufügen.

3 Das Fleisch aus der Sauce nehmen. Die Stärke mit wenig kaltem Wasser glatt rühren und die Sauce damit binden. Durch ein Sieb streichen, die Schokolade mit dem Johannisbeergelee unterrühren und 1 Prise Chilipulver dazugeben. Das Fleisch darin erhitzen, mit Salz und Pfeffer würzen und mit dem Essig abschmecken. Das eingeweichte Obst getrennt abgießen, abtropfen lassen und in zwei kleinen Pfannen in der Butter bei milder Hitze andünsten. Das Ragout mit dem Dörrobst und Semmelknödeln (siehe Tipp) servieren.

Schuhbecks Küchentipp

Für die Semmelknödel ½ Zwiebel schälen, in feine Würfel schneiden und in 1 TL Öl glasig dünsten. 300 g Semmeln (vom Vortag) in dünne Scheiben schneiden. 220 ml heiße Milch mit 3 Eiern verrühren und mit Salz, Pfeffer und Muskatnuss würzen. Über das Brot gießen und zugedeckt einige Minuten ziehen lassen. Nochmals würzen, die Zwiebel und 1 EL frisch geschnittene Petersilie hinzufügen und alles zu einer glatten Knödelmasse verkneten. Mit angefeuchteten Händen zu 8 Knödeln formen und in siedendem Salzwasser 15 bis 20 Minuten ziehen lassen.

Rostbraten
mit Kartoffelgratin

Zutaten für 4 Personen

Für das Kartoffelgratin:

Butter für die Form
1 kg mehlig kochende
Kartoffeln · 400 g Sahne
Salz · Pfeffer aus der Mühle
frisch geriebene Muskatnuss

Für den Rostbraten:

3 Zwiebeln · 2 EL Öl
1 TL Puderzucker
1 EL Tomatenmark
150 ml trockener Rotwein
800 ml Hühnerbrühe
1 Lorbeerblatt
1/2 TL Wacholderbeeren
3 Scheiben Ingwer
1 Knoblauchzehe (in Scheiben)
1/2 ausgekratzte Vanilleschote
2 TL Speisestärke
Salz · Pfeffer aus der Mühle
4 Scheiben Rinderlende
(jeweils ca. 1 cm dick)

Außerdem:

ca. 200 ml Öl zum Ausbacken
2 Zwiebeln
70 g doppelgriffiges Mehl
1 TL Paprikapulver (edelsüß)

1 Für das Kartoffelgratin den Backofen auf 175 °C vorheizen. Eine ofenfeste Form mit Butter einfetten. Die Kartoffeln schälen, waschen und in 2 mm dicke Scheiben schneiden oder hobeln. Die Kartoffelscheiben mit der Sahne in einer Schüssel mischen und mit Salz, Pfeffer und Muskatnuss würzen. In der Form verteilen und im Ofen auf der mittleren Schiene etwa 40 Minuten goldbraun backen.

2 Für den Rostbraten die Zwiebeln schälen und in feine Würfel schneiden. In einer Pfanne 1 EL Öl erhitzen und die Zwiebelwürfel darin bei mittlerer Hitze hell braten. Den Puderzucker darüberstäuben und leicht karamellisieren. Das Tomatenmark unterrühren und kurz anrösten. Mit dem Wein ablöschen und fast vollständig einköcheln lassen. 3/4 l Brühe angießen, Lorbeerblatt, Wacholderbeeren, Ingwer, Knoblauch und Vanilleschote in ein Gewürzsäckchen füllen (siehe Tipp S. 16), verschließen und in die Sauce geben. Die Gewürze knapp unter dem Siedepunkt 20 Minuten ziehen lassen und wieder entfernen. Die Speisestärke mit wenig kaltem Wasser glatt rühren und in die köchelnde Sauce rühren, bis sie leicht sämig bindet. Mit Salz und Pfeffer würzen.

3 Das restliche Öl in einer Pfanne erhitzen und die Fleischscheiben darin bei mittlerer Hitze auf beiden Seiten kurz anbraten. Das Fleisch mit Salz und Pfeffer würzen, in die Sauce legen und einige Minuten ziehen lassen. Den Bratensatz mit der restlichen Brühe ablöschen und unter die Sauce mischen.

4 Das Öl zum Ausbacken auf 170 °C erhitzen. Die Zwiebeln schälen und in dünne Ringe schneiden. Das Mehl mit dem Paprikapulver mischen, die Zwiebelringe darin wenden und überschüssiges Mehl abschütteln. Die Zwiebeln im heißen Öl knusprig goldbraun ausbacken. Mit dem Schaumlöffel herausheben und auf Küchenpapier abtropfen lassen.

5 Den Rostbraten mit Sauce und Kartoffelgratin auf vorgewärmten Tellern anrichten und mit den frittierten Zwiebelringen bestreuen.

Apfel-Birnen-Tarte
mit Weißweinsabayon

Zutaten für 4 Personen

Für die Apfel-Birnen-Tartes:
200 g Blätterteig (tiefgekühlt)
Mehl für die Arbeitsfläche
je 2 Äpfel (z. B. Jonagold) und
Birnen (z. B. Williams Christ)
60 g Marzipanrohmasse
1 Eiweiß
1 EL weiche Butter
1 EL gemahlene Mandeln
1 TL brauner Rum
70 g Aprikosenkonfitüre
1 EL Obstler (vom Bodensee)

Für das Weißweinsabayon:
100 ml trockener
badischer Weißwein
2 EL Zucker · 2 Eigelb
1 Msp. Vanillemark
Zimtpulver
Chilipulver

Zum Garnieren:
ca. 100 g dunkle Weintrauben
4 Minzespitzen
Puderzucker zum Bestäuben

1 Für die Apfel-Birnen-Tartes den Blätterteig auftauen lassen. Auf der bemehlten Arbeitsfläche 2 bis 3 mm dick ausrollen und im Kühlschrank etwa 30 Minuten ruhen lassen.

2 Inzwischen die Äpfel und Birnen schälen, halbieren, entkernen und in Scheiben schneiden. Das Marzipan mit dem Eiweiß glatt rühren. Die weiche Butter, die Mandeln und den Rum untermischen.

3 Den Backofen auf 220 °C vorheizen. Aus der Blätterteigplatte mit einem großen runden Ausstecher (12 bis 14 cm Durchmesser) 4 Kreise ausstechen. Ist kein großer Ring zur Hand, einen entsprechend großen Teller auf den Teig legen und mit einem kleinen Messer die Kreise ausschneiden. Die Blätterteigkreise auf ein mit Backpapier ausgelegtes Backblech legen und mit der Marzipanmasse dünn bestreichen, dabei einen etwa 2 1/2 cm breiten Rand frei lassen. Die Apfel- und Birnenscheiben dachziegelartig auf der Marzipanmasse verteilen. Die Tartes im Ofen auf der untersten Schiene etwa 20 Minuten backen, bis die Unterseite goldbraun ist.

4 Inzwischen die Aprikosenkonfitüre in einem kleinen Topf erwärmen. Den Topf vom Herd nehmen, den Obstler dazugeben und mit dem Stabmixer verrühren. Die frisch gebackenen Tartes dünn mit der Aprikotur bestreichen.

5 Für das Weißweinsabayon den Wein mit dem Zucker, den Eigelben, dem Vanillemark und je 1 Prise Zimt und Chilipulver in einer Schüssel verrühren und im heißen Wasserbad zu einem feinporigen, sämigen Schaum aufschlagen.

6 Zum Garnieren die Trauben waschen und trocken tupfen. Die noch warmen Apfel-Birnen-Tartes mit dem Weißweinsabayon auf Tellern anrichten. Beides mit den Trauben und der Minze garnieren und mit Puderzucker bestäuben.

Zwetschgendatschi

mit Powidl und Streuseln

Zutaten für 1 Backblech

Für den Hefeteig:

1/8 l Milch
1/2 Würfel Hefe (21 g)
300 g Mehl
50 g Zucker · 2 Eigelb
1 EL Mandellikör
(z. B. Amaretto)
Salz · 1 Msp. Vanillemark
1 Msp. abgeriebene unbehan-
delte Zitronenschale
50 g weiche Butter
flüssige Butter für das Blech
Mehl zum Verarbeiten

Für die Streusel:

125 g Mehl · 90 g Zucker
1 EL Vanillezucker
100 g flüssige Butter
Salz · Zimtpulver
1/2 TL abgeriebene unbehan-
delte Orangenschale

Für den Belag:

2 kg Zwetschgen
400 g Powidl (Pflaumenmus)
2 EL Zwetschgenwasser

1 Für den Hefeteig die Milch in einem Topf lauwarm (etwa 30°C) erhitzen. Die Hefe mit den Fingern zerbröckeln und in der Milch auflösen. Die Hefemilch mit dem Mehl, dem Zucker, den Eigelben, dem Likör, 1 Prise Salz, dem Vanillemark und der Zitronenschale mit den Händen oder mit den Knethaken des Handrührgeräts zu einem Teig verkneten. Die weiche Butter hinzufügen und den Teig einige Minuten weiterkneten, bis er geschmeidig ist. Den Teig zu einer Kugel formen und in einer Schüssel mit Frischhaltefolie bedeckt an einem warmen Ort etwa 30 Minuten gehen lassen.

2 Ein Backblech mit flüssiger Butter bestreichen und mit Mehl bestäuben. Den Teig auf der bemehlten Arbeitsfläche in der Größe des Backblechs ausrollen und das Blech damit auslegen. Den Teigboden mit einer Gabel mehrmals einstechen.

3 Für die Streusel das Mehl mit dem Zucker, dem Vanillezucker, der flüssigen Butter, je 1 Prise Salz und Zimtpulver sowie der Orangenschale mit den Fingern zu Krümeln verreiben.

4 Für den Belag die Zwetschgen waschen, halbieren und entsteinen, jede Zwetschgenhälfte längs etwa bis zur Mitte einschneiden. Das Pflaumenmus mit dem Zwetschgenwasser glatt rühren und auf den Teig streichen. Die Zwetschgen dicht mit der Schale nach unten darauflegen und die Streusel gleichmäßig darüber verteilen. Den Kuchen nochmals 20 Minuten gehen lassen.

5 Den Backofen auf 175°C vorheizen. Den Zwetschgendatschi im Ofen auf der untersten Schiene 30 bis 40 Minuten goldbraun backen. Herausnehmen und lauwarm auskühlen lassen. In Stücke schneiden und nach Belieben mit Schlagsahne servieren.

Rieser Bauerntorte
mit Äpfeln und Rosinen

Zutaten für 1 Tarteform
(28 cm Durchmesser)

Für den Hefeteig:
1/8 l Milch
1/2 Würfel Hefe (21 g)
300 g Mehl
50 g Zucker · 2 Eigelb
1–2 EL Mandellikör
(z. B. Amaretto) · Salz
Mark von 1/2 Vanilleschote
1/2 TL abgeriebene unbehandelte
Zitronenschale
50 g weiche Butter
flüssige Butter für die Form
Mehl zum Verarbeiten
1 Eigelb · 2 EL Sahne

Für die Füllung:
1,3 kg Äpfel (z. B. Jonagold)
2–3 EL brauner Zucker
je 100 ml trockener Weißwein
und Apfelsaft
Mark von 1 Vanilleschote
1/2 TL Zimtpulver
2–3 Gewürznelken
2–3 Scheiben Ingwer
Chilipulver
je 1 TL abgeriebene unbehandelte
Zitronen- und Orangenschale
40 g Rosinen

1 Für den Hefeteig die Milch in einem Topf lauwarm (etwa 30 °C) erhitzen. Die Hefe mit den Fingern zerbröckeln und in der Milch auflösen. Die Hefemilch mit dem Mehl, dem Zucker, den Eigelben, dem Likör, 1 Prise Salz, dem Vanillemark und der Zitronenschale mit den Händen oder mit den Knethaken des Handrührgeräts zu einem Teig verkneten. Die weiche Butter hinzufügen und den Teig einige Minuten weiterkneten, bis er geschmeidig ist. Den Teig zu einer Kugel formen und in einer Schüssel mit Frischhaltefolie bedeckt an einem warmen Ort etwa 30 Minuten gehen lassen.

2 Inzwischen für die Füllung die Äpfel schälen, vierteln, entkernen und in etwa 1 cm große Würfel schneiden. Den Zucker in einer großen Pfanne bei milder Hitze goldbraun karamellisieren und die Apfelwürfel darin andünsten. Mit dem Wein und dem Apfelsaft ablöschen. Das Vanillemark, den Zimt, die Gewürznelken, den Ingwer, 1 Prise Chilipulver sowie die Zitronen- und Orangenschale dazugeben und einige Minuten mitdünsten. Ingwer und Nelken wieder entfernen. Etwa 400 g Apfelwürfel mit dem Stabmixer pürieren und mit den Rosinen unter die restlichen Apfelwürfel mischen. Die Apfelfüllung gegebenenfalls noch mit etwas Zucker abschmecken.

3 Die Tarteform mit flüssiger Butter bestreichen und mit Mehl bestäuben. Den Teig halbieren und eine Hälfte auf der bemehlten Arbeitsfläche dünn zu einem Kreis ausrollen, der etwas größer als die Tarteform ist. Die Form so damit auslegen, dass der Teigrand noch leicht übersteht. Die Apfelfüllung gleichmäßig auf dem Teig verteilen und den überstehenden Rand über die Äpfel klappen.

4 Die zweite Teighälfte in Tarteformgröße ausrollen, auf die Apfelfüllung legen und den Rand leicht andrücken. Das Eigelb mit der Sahne verquirlen und den Teigdeckel damit bestreichen. Mit einer Gabel mehrmals einstechen und nach Belieben mit einer Schere oder einem kleinen scharfen Messer dekorativ einritzen.

5 Den Backofen auf 175 °C vorheizen. Den Kuchen 10 Minuten gehen lassen, dann im Ofen auf der mittleren Schiene etwa 40 Minuten goldbraun backen. Auskühlen lassen und in Stücke schneiden.

Allgäu

Bergkäse im knusprigen Bauernbrot
mit Schnittlauchsauce

Zutaten für 16 Stück

Für die Schnittlauchsauce:

100 g Crème fraîche

4–5 EL Sahne (je nach
Konsistenz der Crème fraîche)

1 TL scharfer Senf

1 EL Zitronensaft

Zucker · Salz · Cayennepfeffer

einige Halme Schnittlauch

Für die Brote:

250 g Bauernbrot (ersatzweise
dunkles Baguette; 2 Tage alt)

etwas weiche Butter

16 längliche Stücke Allgäuer
Bergkäse (jeweils 7–8 mm dick)

1 EL Öl

20 g Kräuterblätter (z. B. Peter-
silie oder Sellerieblätter)

1 TL Zitronensaft

1 Msp. abgeriebene unbehan-
delte Zitronenschale

1 EL Olivenöl

Salz · Pfeffer aus der Mühle

1 Für die Schnittlauchsauce die Crème fraîche mit der Sahne und dem Senf verrühren. Mit Zitronensaft, 1 Prise Zucker, Salz und Cayennepfeffer abschmecken. Den Schnittlauch waschen, trocken schütteln, in etwa 1 cm große Röllchen schneiden und unter die Sauce rühren.

2 Für die Brote das Bauernbrot in 32 möglichst dünne Scheiben schneiden und dünn mit der Butter bestreichen. Die Käsestücke jeweils zwischen 2 Brotscheiben legen. Das Öl in einer Pfanne erhitzen und die belegten Brote darin bei mittlerer Hitze auf beiden Seiten rasch bräunen. Aus der Pfanne nehmen und auf Küchenpapier abtropfen lassen.

3 Die Kräuterblätter waschen und trocken tupfen. Zitronensaft und -schale mit dem Olivenöl mischen und mit Salz und Pfeffer würzen. Die Kräuterblätter mit dem Zitronenöl marinieren. Die gefüllten Bauernbrote mit den marinierten Kräutern und der Schnittlauchsauce anrichten.

Schuhbecks Küchentipp

Das Öl sollte heiß sein, wenn die gefüllten Brote hineingelegt werden: Dann bräunen die Brote rasch und der Käse wird zwar weich, verläuft aber nicht so sehr. Die knusprig gebratenen Brote nur kurz auf Küchenpapier abtropfen lassen. So wird unnötiges Fett entfernt, aber die Brote bleiben nicht am Papier kleben.

Kräutersuppe
mit Saiblingsnockerln

Zutaten für 4 Personen

Für die Kräutersuppe:

100 g junger Blattspinat · Salz
100 g gemischte Kräuterblätter
(z. B. Basilikum, Kerbel, Petersilie, Dill und je nach Saison
Bärlauch und Sauerampfer)
1 Zwiebel
1 kleine Kartoffel (ca. 70 g)
3 EL kalte Butter
1 l Hühnerbrühe
200 g Sahne
1 Streifen unbehandelte
Zitronenschale
1 Knoblauchzehe (in Scheiben)
Cayennepfeffer
frisch geriebene Muskatnuss

Für die Saiblingsnockerln:

120 g Saiblingsfilet
(küchenfertig; ohne Haut)
Salz · 120 g eiskalte Sahne
1 TL Dijon-Senf
mildes Chilipulver
frisch geriebene Muskatnuss
1 Lorbeerblatt
1 getrocknete rote Chilischote
1 Streifen unbehandelte
Zitronenschale

1 Für die Kräutersuppe den Spinat verlesen und waschen. In kochendem Salzwasser 1 bis 2 Minuten blanchieren, abgießen, kalt
abschrecken und abtropfen lassen. Die Spinatblätter mit den Händen gut ausdrücken und hacken.

2 Die Kräuterblätter waschen, trocken tupfen und klein schneiden.
Die Zwiebel schälen und in feine Würfel schneiden. Die Kartoffel
schälen, waschen und in kleine Würfel schneiden. In einem Topf
1 EL Butter erhitzen, die Zwiebel- und Kartoffelwürfel darin andünsten. Die Brühe angießen und alles knapp unter dem Siedepunkt 25 Minuten mehr ziehen als köcheln lassen. Anschließend
die Sahne hinzufügen und die Suppe mit dem Stabmixer pürieren.

3 Für die Saiblingsnockerln das Fischfilet waschen, trocken tupfen
und in Würfel schneiden. Mit Salz würzen und im Tiefkühlfach 5 bis
10 Minuten eiskalt abkühlen, aber nicht gefrieren lassen. Die eiskalten Saiblingswürfel mit der Sahne, dem Senf, Salz, Chilipulver und
Muskatnuss mit dem Stabmixer oder im Küchenmixer zu einer glatten Farce pürieren.

4 In einem großen Topf Salzwasser mit dem Lorbeerblatt, der Chilischote und der Zitronenschale zum Kochen bringen und vom Herd
nehmen. Von der Farce mit einem angefeuchteten Teelöffel Nocken
abstechen, ins Salzwasser geben und bei 80 bis 90 °C 4 bis 5 Minuten
gar ziehen lassen.

5 Die Zitronenschale in die Suppe geben, einige Minuten darin
ziehen lassen und wieder entfernen. Erst kurz vor dem Servieren
den Spinat, die Kräuterblätter und den Knoblauch mit der übrigen
Butter untermixen. Die Kräutersuppe mit Salz, Cayennepfeffer und
Muskatnuss abschmecken. Nochmals kurz aufmixen, auf vorgewärmte tiefe Teller verteilen und die Saiblingsnockerln darin anrichten.

Schuhbecks Küchentipp

Die Kräutersuppe sollte möglichst frisch serviert werden,
damit sie ihre kräftige grüne Farbe behält.

Allgäuer Speckplätz
mit saurer Sahne

Zutaten für 4 Personen

50 g Magerquark
2 1/2 EL Sonnenblumenöl
3 EL Milch · Salz
150 g Mehl
1 gestr. TL Backpulver
1 Zwiebel
Mehl für die Arbeitsfläche
150 g saure Sahne
Salz · Pfeffer aus der Mühle
getrocknetes Bohnenkraut
100 g Frühstücksspeck
(in Scheiben)
80 g Allgäuer Emmentaler
(am Stück)

1 Den Quark mit dem Öl, 3 1/2 EL Wasser, der Milch und 1 Prise Salz verrühren. Das Mehl mit dem Backpulver darübersieben und alle Zutaten zu einem geschmeidigen Teig verkneten. Den Teig in Frischhaltefolie wickeln und bei Zimmertemperatur 15 Minuten ruhen lassen.

2 Die Zwiebel schälen und in feine Streifen schneiden. In Salzwasser 2 Minuten blanchieren, in ein Sieb abgießen, kalt abschrecken und abtropfen lassen.

3 Den Backofen auf 200 °C vorheizen. Den Teig in 4 Portionen teilen und auf der bemehlten Arbeitsfläche dünn zu ovalen Fladen ausrollen, dabei mit etwas Mehl bestäuben. Die Fladen auf ein mit Backpapier ausgelegtes Backblech legen.

4 Die saure Sahne glatt rühren und mit Salz, Pfeffer und 1 Prise Bohnenkraut würzen. Auf den Fladen verteilen, dabei einen 1 bis 2 cm breiten Rand frei lassen. Den Speck in 1 cm breite Streifen schneiden und mit den Zwiebelstreifen auf der sauren Sahne verteilen. Den Emmentaler grob reiben und darüberstreuen. Die Speckplätz im Ofen auf der untersten Schiene etwa 15 Minuten goldbraun backen.

Schuhbecks Küchentipp

Dieser Quarkteig ist schnell zubereitet und kann für verschiedenste herzhafte Kuchen und auch Pizza verwendet werden. Man lässt ihn kurz in Folie gewickelt ruhen, damit er sich dünner ausrollen lässt. Wenn der Teig zu fest ist, können Sie noch 1 EL Milch hinzufügen. Ist er zu flüssig, noch etwas Mehl unterkneten.

Gebratene Speckknödel
auf gemischtem Salat

Zutaten für 4 Personen

Für die Speckknödel:
1/2 Zwiebel
100 g Frühstücksspeck
1 EL Öl
250 g Semmeln (oder Weiß-brot; vom Vortag)
1/4 l Milch · 3 Eier
Salz · Pfeffer aus der Mühle
frisch geriebene Muskatnuss
1 EL Petersilie
(frisch geschnitten)
3 Frühlingszwiebeln
3 EL braune Butter
(siehe Tipp S. 34)

Für den Salat:
4 Eier · 150 ml Gemüsebrühe
1–2 TL scharfer Senf
3–4 EL Rotweinessig
Zucker
Salz · Pfeffer aus der Mühle
8 EL mildes Olivenöl
(oder Rapsöl)
350 g gemischte Blattsalate
(z. B. Kopfsalat, Feldsalat,
Eissalat, Rucola)

1 Für die Speckknödel die Zwiebel schälen und in feine Würfel schneiden. Den Speck in kleine Würfel schneiden. Das Öl in einer Pfanne erhitzen und den Speck darin anbraten. Die Zwiebelwürfel dazugeben und glasig dünsten. Beides aus der Pfanne nehmen und auf Küchenpapier abtropfen lassen.

2 Die Semmeln in dünne Scheiben schneiden. Die Milch einmal aufkochen, vom Herd nehmen und mit den Eiern verrühren. Die Eiermilch mit Salz, Pfeffer und Muskatnuss würzen, über die Semmeln gießen und zugedeckt einige Minuten ziehen lassen. Die Petersilie und die Speck-Zwiebel-Mischung hinzufügen und alles zu einer glatten Masse verkneten.

3 Die Knödelmasse halbieren und zu Rollen (à 4 bis 5 cm Durchmesser) formen. Die Rollen zuerst in Frischhaltefolie, dann in Alufolie wickeln und in siedendem Wasser etwa 30 Minuten gar ziehen lassen.

4 Für den Salat die Eier 10 Minuten hart kochen, kalt abschrecken, pellen und in Spalten schneiden. Die Brühe mit dem Senf, dem Essig, 1 Prise Zucker, Salz und Pfeffer mit dem Stabmixer verrühren. Nach und nach das Olivenöl dazugeben und untermixen. Die Blattsalate putzen, waschen, trocken schleudern und in mundgerechte Stücke zupfen.

5 Für die Knödel die Frühlingszwiebeln putzen, waschen und in feine Ringe schneiden. Die Knödel etwas abkühlen lassen, aus der Folie wickeln und in etwa 1 cm dicke Scheiben schneiden. Die braune Butter in einer Pfanne erhitzen und die Knödelscheiben darin bei milder Hitze auf einer Seite anbraten. Wenden, die Frühlingszwiebeln dazugeben und alles weitere 1 bis 2 Minuten braten.

6 Die Speckknödelscheiben mit dem Salat und den Eierspalten auf Tellern anrichten. Die Frühlingszwiebeln darauf verteilen, mit der Marinade beträufeln und nach Belieben mit gemischten Kräuterblättern garnieren.

Holzhackerschmarren

mit gemischten Pilzen

Zutaten für 4 Personen

120 g Mehl · ¼ l Milch
4 Eier · 2 EL flüssige braune
Butter (siehe Tipp S. 34)
3 EL Petersilie
(frisch geschnitten)
Salz · Pfeffer aus der Mühle
frisch geriebene Muskatnuss
Chilipulver
4 EL Butter
300 g gemischte Pilze
(z. B. Champignons, Steinpilze
und Pfifferlinge)
1 EL Öl
gemahlener Kümmel
½ TL abgeriebene unbehan-
delte Zitronenschale
1 TL Thymian (fein gehackt)

1 Den Backofengrill einschalten. Das Mehl mit der Milch glatt rühren. Die Eier trennen. Die Eigelbe, die braune Butter und 2 EL Petersilie unter die Mehl-Milch-Mischung rühren. Die Eigelbmasse mit Salz, Pfeffer, Muskatnuss und 1 Prise Chilipulver würzen. Die Eiweiße mit 1 Prise Salz zu einem cremigen, festen Schnee schlagen und unter die Eigelbmasse heben.

2 In zwei kleineren ofenfesten Pfannen (24 bis 26 cm Durchmesser) jeweils 1 TL Butter erhitzen. Den Teig in den Pfannen verteilen und auf der Unterseite bei milder Hitze etwa 2 Minuten hell bräunen. Vom Herd nehmen und die Schmarren in den Pfannen nacheinander unter dem Backofengrill auf der untersten Schiene 3 Minuten goldbraun backen. Die Schmarren mit zwei Gabeln in mundgerechte Stücke zerteilen und beiseitestellen.

3 Die Pilze putzen, trocken abreiben und etwas zerkleinern. Das Öl in einer Pfanne erhitzen und die Pilze darin bei mittlerer Hitze 2 bis 3 Minuten anbraten. Mit Salz, Pfeffer, 1 Prise Kümmel und der Zitronenschale würzen und die restlichen Kräuter untermischen. Zuletzt 1 EL Butter dazugeben und zerlassen.

4 Die restliche Butter zum Schmarren in die Pfannen geben und auf dem Herd nochmals kurz nachbraten. Mit den Pilzen mischen und auf vorgewärmten Tellern anrichten.

Schuhbecks Küchentipp

Nach Belieben können Sie noch angedünstete Zwiebel- und Speckwürfel unter den Schmarrenteig oder die Pilze mischen. Dazu passt ein gemischter Blattsalat.

Käsespätzle

mit gebräunten Zwiebeln

Zutaten für 4 Personen

Für die gebräunten Zwiebeln:
2 Zwiebeln · 2 EL Butter
Zucker

Für die Käsespätzle:
je 100 g Allgäuer Emmentaler
und Bergkäse (am Stück)
50 g Weißlacker
(oder Romadur)
400 g doppelgriffiges Mehl
8 Eier · 1 EL Öl · Salz
frisch geriebene Muskatnuss
1 Lorbeerblatt
1 getrocknete rote Chilischote
80 ml Gemüsebrühe
1 kleines Bund Schnittlauch

1 Für die gebräunten Zwiebeln die Zwiebeln schälen und in Streifen schneiden. Die Butter in einer Pfanne erhitzen und die Zwiebelstreifen darin mit 1 Prise Zucker bei milder Hitze gleichmäßig bräunen.

2 Für die Käsespätzle Emmentaler und Bergkäse fein reiben, den Weißlacker in kleine Würfel schneiden. Das Mehl mit den Eiern, dem Öl, 1 TL Salz und Muskatnuss mit den Knethaken des Handrührgeräts 3 bis 5 Minuten verkneten, bis der Teig Blasen wirft.

3 In einem großen Topf Salzwasser mit dem Lorbeerblatt und der Chilischote aufkochen. Den Spätzlehobel kurz in das Wasser tauchen, den Teig einfüllen und in das siedende Salzwasser hobeln. Die Spätzle einmal kurz aufkochen lassen und samt Lorbeerblatt und Chilischote mit dem Schaumlöffel oder der Fritteusenkelle herausheben. Die Spätzle in eine vorgewärmte tiefe Pfanne geben.

4 Alle Käsesorten und die Brühe dazugeben und die Spätzle bei milder Hitze nochmals erwärmen. Das Lorbeerblatt und die Chilischote entfernen.

5 Den Schnittlauch waschen, trocken schütteln und in Röllchen schneiden. Die Käsespätzle mit den gebräunten Zwiebeln auf vorgewärmten Tellern anrichten und mit dem Schnittlauch bestreuen.

Schuhbecks Küchentipp

Sehr fein schmecken die Käsespätzle auch, wenn man die frisch gekochten Spätzle abwechselnd mit dem geriebenen bzw. gewürfelten Käse in eine gefettete ofenfeste Form schichtet (dabei mit Käse abschließen) und im auf 160 °C vorgeheizten Backofen etwa 10 Minuten gart, bis der Käse leicht geschmolzen ist. Die Spätzle vor dem Servieren mit den gebräunten Zwiebeln und Schnittlauchröllchen garnieren.

Pochierte Lechtalforelle
mit Kartoffelchips und Kräutersauce

Zutaten für 4 Personen

Für die Forellen und die Sauce:
Butter für die Form · 4 Forellenfilets (à 100 g; küchenfertig, mit
Haut) · 2–3 Zweige Thymian
je 2 getrocknete rote Chilischoten
und Lorbeerblätter
2 TL Zucker · 3 EL Zitronensaft
200 ml Gemüsebrühe
200 g Sahne · 0,1 g Safranfäden
1 Lorbeerblatt · 2 Scheiben Ingwer
½ Knoblauchzehe (in Scheiben)
2 TL Speisestärke
2 TL abgeriebene unbehandelte
Zitronenschale · mildes Chilisalz
2 EL flüssige braune Butter
(siehe Tipp S. 34)

Für die Kartoffelchips:
1 große Kartoffel
200 ml Öl zum Ausbacken

Für den Spinat und die Pilze:
500 g Blattspinat · ½ Zwiebel
1 EL Öl · 1 kleine Knoblauchzehe
(in Scheiben) · 1 Scheibe Ingwer
½ ausgekratzte Vanilleschote
2 EL Gemüsebrühe
40 g gemischte Kräuterblätter
(z. B. Basilikum, Dill, Kerbel
und Petersilie) · 2 EL Butter
mildes Chilisalz · frisch geriebene
Muskatnuss · 80 g Egerlinge

1 Für die Forellen den Backofen auf 80 °C vorheizen. Eine ofenfeste Form mit Butter einfetten. Die Forellenfilets waschen, trocken tupfen und mit der Hautseite nach oben in die Form legen. Thymianzweige, Chilischoten und Lorbeerblätter dazwischenlegen und die Fischfilets mit Frischhaltefolie zugedeckt im Ofen auf der mittleren Schiene 15 bis 20 Minuten garen.

2 Für die Sauce den Zucker in einem kleinen Topf bei mittlerer Hitze hell karamellisieren. Mit dem Zitronensaft ablöschen, die Brühe und die Sahne angießen und erhitzen. Safran, Lorbeerblatt, Ingwer und Knoblauch dazugeben und in der Sauce einige Minuten ziehen lassen. Die Speisestärke mit wenig kaltem Wasser glatt rühren und die köchelnde Sauce damit sämig binden. 1 TL Zitronenschale dazugeben, Lorbeerblatt, Knoblauch und Ingwer wieder entfernen. Die Sauce mit Chilisalz würzen.

3 Die Forellenfilets häuten und mit einem Löffel den dunklen Tran weitgehend entfernen. Die Filets mit der braunen Butter einpinseln. 1 TL Zitronenschale mit 1 EL Chilisalz mischen. Die Fischfilets mit etwas Zitronen-Chilisalz würzen und warm halten.

4 Für die Kartoffelchips die Kartoffel schälen, waschen und mit dem Sparschäler dünne Streifen abschälen. Das Öl in einem kleinen Topf auf 170 °C erhitzen und die Kartoffelstreifen darin goldbraun ausbacken. Herausheben und auf Küchenpapier abtropfen lassen. Die Kartoffelchips ebenfalls mit etwas Zitronen-Chilisalz würzen.

5 Für den Spinat die Spinatblätter verlesen, waschen und trocken schleudern, grobe Stiele entfernen. Die Zwiebel schälen und in feine Würfel schneiden. Das Öl in einer Pfanne erhitzen, die Zwiebelwürfel darin mit Knoblauch, Ingwer und Vanilleschote bei mittlerer Hitze glasig dünsten. Den Spinat und die Brühe dazugeben und 1 bis 2 Minuten dünsten lassen. Zuletzt die gewaschenen Kräuterblätter hinzufügen und 1 EL Butter darin zerlassen. Mit Chilisalz und Muskatnuss würzen. Ingwer und Vanilleschote entfernen.

6 Die Egerlinge putzen, trocken abreiben und in dicke Scheiben schneiden. Die restliche Butter in einer Pfanne erhitzen und die Pilze darin anbraten. Mit dem restlichen Zitronen-Chilisalz würzen. Die Forellenfilets mit dem Spinat, den Pilzen, der Sauce und den Kartoffelchips auf vorgewärmten Tellern anrichten.

Allgäuer Schnitzel
mit Buttermilchremoulade

Zutaten für 4 Personen

Für die Gewürzmischung und
die Buttermilchremoulade:
je 1 TL Korianderkörner,
Fenchelsamen und ganzer Kümmel
1–2 Gewürzgurken
4 eingelegte Sardellenfilets
1 TL eingelegte Kapern
250 g Crème fraîche · 60 g But-
termilch · 1 TL scharfer Senf
1 TL Zitronensaft
1 EL Schnittlauchröllchen · Salz
Pfeffer aus der Mühle · Zucker

Für die Schnitzel:
1/2 Zwiebel
100 g Champignons
100 g gekochter Schinken
(am Stück)
100 g Allgäuer Emmentaler
(oder Bergkäse; am Stück)
1 EL Öl
1 EL Petersilie (frisch geschnitten)
Salz · Pfeffer aus der Mühle
4 Kalbsschnitzel (à 120–140 g;
aus dem Rücken) · Öl für die Folie
mildes Chilisalz · 2 Eier
1 EL halb steif geschlagene Sahne
80 g doppelgriffiges Mehl
100 g Semmelbrösel
Öl zum Braten · Zitronensaft

1 Für die Gewürzmischung Koriander, Fenchel und Kümmel in eine Gewürzmühle füllen. Für die Buttermilchremoulade die Gewürzgurken, die Sardellen und die Kapern fein hacken. Die Crème fraîche mit der Buttermilch, dem Senf und dem Zitronensaft verrühren. Gurken, Sardellen, Kapern und Schnittlauch unterrühren. Die Buttermilchremoulade mit Salz, Pfeffer, 1 Prise Zucker und den Gewürzen aus der Mühle würzen und kühl stellen.

2 Für die Schnitzel die Zwiebel schälen und in feine Würfel schneiden. Die Champignons putzen, trocken abreiben und in kleine Würfel schneiden. Schinken und Käse in gleich große Würfel schneiden und in eine Schüssel geben. Das Öl in einer Pfanne erhitzen, die Zwiebel- und Champignonwürfel darin bei mittlerer Hitze anbraten. Die Petersilie dazugeben. Die Pilzmischung mit Salz und Pfeffer würzen und zu dem Schinken und dem Käse in die Schüssel geben.

3 Die Schnitzel der Länge nach mit einem scharfen Messer nicht ganz durchschneiden, sodass die Scheiben an den Enden noch zusammenhängen. Die Fleischscheiben aufklappen, zwischen zwei Lagen geölter Frischhaltefolie flach klopfen und mit Chilisalz würzen. Jeweils etwas Schinken-Käse-Pilz-Mischung auf die eine Schnitzelhälfte verteilen, dabei einen kleinen Rand frei lassen. Die andere Schnitzelhälfte darüberklappen und die gefüllten Schnitzel an den Enden fest zusammendrücken.

4 Die Eier in einem tiefen Teller verquirlen und die Sahne unterziehen. Mit den Gewürzen aus der Mühle würzen. Das Mehl und die Semmelbrösel ebenfalls in tiefe Teller geben. Die gefüllten Schnitzel zuerst im Mehl wenden, dann vorsichtig durch die verquirlten Eier ziehen und zuletzt mit den Semmelbröseln panieren.

5 In einer Pfanne etwa 1 cm hoch Öl erhitzen und die Schnitzel darin bei mittlerer Hitze auf beiden Seiten goldbraun braten. Auf Küchenpapier abtropfen lassen.

6 Die Allgäuer Schnitzel mit Zitronensaft beträufeln und auf vorgewärmten Tellern anrichten. Die Buttermilchremoulade separat in Schälchen dazu servieren. Dazu passt ein gemischter Blattsalat.

Geschnetzelter Kalbsrücken
mit Salbeispätzle

Für die Salbeispätzle:
200 g doppelgriffiges Mehl
4 Eier · Salz · 1 EL Öl
8 Salbeiblätter
1 Lorbeerblatt
1 EL braune Butter
(siehe Tipp S. 34)
Pfeffer aus der Mühle

Für den Kalbsrücken:
150 g gemischte Pilze
(z. B. Champignons, Pfifferlinge
und Semmelstoppelpilze)
500 g Kalbsrücken
1–2 EL Öl
1–2 EL Cognac
175 ml Hühnerbrühe
120 g Sahne
1–2 EL scharfer Senf
je 1 Msp. abgeriebene
unbehandelte Zitronen-
und Orangenschale · Salz
1 TL rosa Pfefferbeeren
1 EL eingelegter
grüner Pfeffer
1 EL braune Butter

1 Für die Salbeispätzle das Mehl mit den Eiern, 1 TL Salz und dem Öl mit den Knethaken des Handrührgeräts 3 bis 5 Minuten verkneten, bis der Teig Blasen wirft.

2 Die Salbeiblätter waschen und trocken tupfen, die Hälfte der Blätter klein schneiden, den Rest beiseitelegen. In einem großen Topf Salzwasser mit dem Lorbeerblatt und dem klein geschnittenen Salbei aufkochen. Den Spätzlehobel kurz in das Wasser tauchen, den Teig einfüllen und in das siedende Salzwasser hobeln. Die Spätzle einmal kurz aufkochen lassen, mit dem Schaumlöffel oder der Fritteusenkelle herausheben und abtropfen lassen.

3 Für den Kalbsrücken die Pilze putzen, trocken abreiben und grob zerkleinern. Den Kalbsrücken in 1 cm große Würfel schneiden. Das Öl in einer Pfanne erhitzen und die Fleischwürfel darin portionsweise bei mittlerer Hitze rundum anbraten. Wieder aus der Pfanne nehmen.

4 Den Bratensatz mit dem Cognac ablöschen, die Brühe und die Sahne dazugeben. Den Senf unterrühren, die Zitronen- und Orangenschale hinzufügen und die Sauce etwas einköcheln lassen. Die Sauce mit Salz würzen. Die rosa Pfefferbeeren im Mörser zerstoßen und mit dem grünen Pfeffer zur Sauce geben.

5 Die braune Butter in einer Pfanne erhitzen und die Pilze darin anbraten. Mit dem angebratenen Fleisch in die Sauce geben, die Sauce nicht mehr kochen lassen.

6 Die Spätzle in einer Pfanne bei mittlerer Hitze erwärmen, die braune Butter mit den restlichen Salbeiblättern dazugeben. Mit Salz und Pfeffer würzen. Die Spätzle auf vorgewärmte Teller verteilen und das Fleisch mit der Sauce darauf anrichten.

Hackbraten

mit Karotte und Zucchini

Zutaten für 4 Personen

90 g Weißbrot
80 ml lauwarme Milch
1 kleine Zwiebel
2 EL Öl · 1 Karotte
Salz · 1/2 Zucchino
100 g Kalbsbrät
1–2 EL Sahne
150 g Kalbshackfleisch
350 g Schweinehackfleisch
2 Eier · 1 TL scharfer Senf
frisch geriebene Muskatnuss
getrockneter Majoran (oder
getrocknetes Bohnenkraut)
Cayennepfeffer
1–2 EL Petersilie
(grob geschnitten)
Öl für die Form

1 Das Weißbrot entrinden und in der Milch einweichen. Die Zwiebel schälen und in feine Würfel schneiden. Das Öl in einer Pfanne erhitzen und die Zwiebelwürfel darin bei milder Hitze glasig dünsten.

2 Die Karotte putzen, schälen und in 1/2 cm große Würfel schneiden. In kochendem Salzwasser bissfest garen, abgießen, kalt abschrecken und abtropfen lassen. Den Zucchino putzen, waschen und ebenfalls in 1/2 cm große Würfel schneiden.

3 Den Backofen auf 160 °C vorheizen. Das Kalbsbrät mit der Sahne glatt rühren. Die beiden Hackfleischsorten und das Kalbsbrät mit dem Weißbrot, den Eiern, dem Senf sowie den Zwiebel- und Gemüsewürfeln gut mischen, sodass eine feste Masse entsteht. Die Hackbratenmasse mit Salz, Muskatnuss sowie jeweils 1 Prise Majoran und Cayennepfeffer kräftig würzen. Zuletzt die Petersilie untermischen.

4 Die Hackmasse in eine gefettete, runde ofenfeste Form oder in eine mit Backpapier ausgelegte Springform streichen. Den Hackbraten im Ofen auf der mittleren Schiene 35 bis 40 Minuten garen. Zum Servieren in Stücke schneiden.

Schuhbecks Küchentipp

*Um zu testen, ob die Hackfleischmasse ausreichend gewürzt ist, können Sie nach dem Abschmecken ein kleines Probepflanzerl braten, bevor Sie den ganzen Braten garen. So müssen Sie die Hackmasse nicht roh probieren.
Zum Hackbraten passt ein knackiger Blattsalat mit Schnittlauchsauce, Kartoffel-Gurken-Salat oder der Kartoffel-Radieserl-Salat von S. 104.*

Dampfnudeln
auf klassische Art

Zutaten für 4–6 Personen

1/2 l Milch
25 g frische Hefe
50 g Zucker
500 g Mehl
2 Eier · Salz
80 g weiche Butter
Mehl für die Arbeitsfläche
3 EL Butter
3 EL Butterschmalz

1 Für den Vorteig 1/4 l Milch lauwarm erwärmen und vom Herd nehmen. Die Hefe mit den Fingern zerbröckeln und in der Milch auflösen. 2 TL Zucker hinzufügen. Das Mehl in eine Schüssel füllen und in die Mitte eine Mulde drücken. Die Hefemilch hineingeben und mit etwas Mehl verrühren. Den Vorteig mit Frischhaltefolie zudecken und an einem warmen Ort etwa 15 Minuten gehen lassen.

2 Die Eier verquirlen. Mit 1 Prise Salz, 20 g Zucker und der weichen Butter zum Vorteig geben und mit dem Mehl verrühren. Den Hefeteig in der Küchenmaschine oder mit den Knethaken des Handrührgeräts so lange kneten, bis ein glatter und elastischer Teig entsteht, der sich vom Schüsselrand löst. Den Hefeteig zugedeckt an einem warmen Ort mindestens 45 Minuten gehen lassen, bis er sein Volumen verdoppelt hat.

3 Den Teig mit den Händen auf der leicht bemehlten Arbeitsfläche kräftig durchkneten und dann Rollen (à 4 bis 5 cm Durchmesser) formen. Die Rollen in etwa 5 cm große Stücke schneiden und jeweils zu einer glatten Kugel formen.

4 In einem großen flachen Topf (etwa 30 cm Durchmesser) die restliche Milch mit dem übrigen Zucker erwärmen, Butter und Butterschmalz darin schmelzen lassen und vom Herd nehmen. Die Teigkugeln mit der Nahtseite nach unten nebeneinander in die lauwarme Milch setzen und die Dampfnudeln zugedeckt 20 Minuten gehen lassen. Dann den Topf auf den Herd stellen und die Dampfnudeln bei mittlerer Hitze 10 Minuten garen.

5 Den Backofen auf 180 °C vorheizen. Den zugedeckten Topf auf die mittlere Schiene in den Ofen stellen und die Dampfnudeln etwa 35 Minuten backen. Den Deckel zwischendurch nicht abnehmen, die Dampfnudeln könnten sonst zusammenfallen. Sollte die Kruste am Boden zu hell sein, den Topf noch einmal auf den Herd stellen und bei mittlerer Hitze goldbraun nachbacken. Dazu passt Kompott aus Früchten der Saison, Punsch- oder Vanillesauce.

Käsekuchen
mit Mürbeteigboden

Zutaten für 1 Springform
(26 cm Durchmesser)

Für den Mürbeteig:
100 g Puderzucker
200 g weiche Butter
1 Ei · 300 g Mehl

Für die Füllung:
400 g Magerquark
400 g saure Sahne
2 Eigelb
160 g Zucker
3 EL Mehl
abgeriebene Schale von
1/2 unbehandelten Zitrone
4 Eiweiß · Salz

Außerdem:
Mehl für die Arbeitsfläche
Butter für die Form
getrocknete Hülsenfrüchte
zum Blindbacken
Öl für das Messer

1 Für den Mürbeteig den Puderzucker mit der Butter kurz mit den Knethaken des Handrührgeräts verkneten, dann das Ei dazugeben und weiterkneten. Zuletzt das Mehl hinzufügen und so lange weiterkneten, bis ein glatter Teig entsteht. Den Mürbeteig zu einem flachen Ziegel formen, in Frischhaltefolie wickeln und im Kühlschrank 1 Stunde ruhen lassen.

2 Den Backofen auf 200 °C vorheizen. Den Teig auf der bemehlten Arbeitsfläche etwa 3 mm dick ausrollen, den Boden und den Rand der gefetteten Springform damit auskleiden. Mit Backpapier belegen und die Hülsenfrüchte darauf verteilen. Den Teig im Ofen auf der mittleren Schiene etwa 20 Minuten blindbacken. Dann die Hülsenfrüchte samt Backpapier entfernen und den Teig weitere 7 Minuten backen, bis der Boden zu bräunen beginnt. Die Backofentemperatur auf 160 °C reduzieren.

3 Für die Füllung den Quark mit der sauren Sahne, den Eigelben, 40 g Zucker, dem Mehl und der Zitronenschale verrühren. Die Eiweiße mit 1 Prise Salz steif schlagen, dabei nach und nach den restlichen Zucker einrieseln lassen. Den Eischnee unter die Quarkmasse ziehen und die Füllung auf dem vorgebackenen Mürbeteig verteilen.

4 Den Käsekuchen im Ofen auf der untersten Schiene 15 Minuten backen. Dann mit einem geölten Messer zwischen der Füllung und dem Teigrand rundum 2 cm tief einschneiden. Den Käsekuchen weitere 75 Minuten backen, dabei die Form alle 15 bis 20 Minuten für 10 Minuten aus dem Backofen nehmen. Den Käsekuchen lauwarm auskühlen lassen, in Stücke schneiden und servieren.

Geeister Christstollen
mit Rotweinbirnen

Zutaten für 1 Stollenform

Für den Christstollen:

25 g Orangeat
15 g Zitronat · 20 g Rosinen
1 EL Mandellikör (z. B. Amaretto;
oder Rum) · 100 g Zucker
3 Eigelb · 1 Ei
1/2 TL Lebkuchengewürz
Mark von 1/2 Vanilleschote
je 1 Msp. abgeriebene unbehan-
delte Zitronen- und Orangenschale
75 g Vollmilchkuvertüre
je 25 g Pistazienkerne und
geröstete Mandelblättchen
400 g steif geschlagene Sahne
1–2 EL Öl
Puderzucker zum Bestäuben

Für die Rotweinbirnen:
4 feste, reife kleine Birnen
1 EL Puderzucker
100 ml roter Portwein
je 1/4 l trockener Rotwein und
Schwarzer Johannisbeersaft
60 g Zucker
1/2 aufgeschlitzte Vanilleschote
1/2 Zimtrinde · 1 Gewürznelke
1 Scheibe Ingwer
2 dünne Streifen unbehandelte
Orangenschale
1 geh. EL Speisestärke
4 cl Cassislikör

1 Am Vortag für den Christstollen Orangeat, Zitronat und Rosinen mit dem Likör mischen und über Nacht durchziehen lassen.

2 Für die Rotweinbirnen die Birnen schälen und mithilfe eines Kernausstechers entkernen. Den Puderzucker in einem Topf hell karamellisieren, mit Portwein und Rotwein ablöschen. Den Johannisbeersaft und den Zucker hinzufügen. Die Vanilleschote, die Zimtrinde, die Gewürznelke, den Ingwer und die Orangenschale dazugeben und alles aufkochen lassen. Die Birnen in den Sud legen, nochmals kurz aufkochen lassen und knapp unter dem Siedepunkt je nach Reifegrad 5 bis 10 Minuten nicht zu weich ziehen lassen. Die Birnen aus dem Gewürzsud nehmen.

3 Die Speisestärke mit wenig kaltem Wasser glatt rühren. Den Rotweinsud aufkochen, die Stärke unterrühren und den Sud noch etwa 2 Minuten kochen lassen. Durch ein Sieb in eine Schüssel gießen, den Likör hinzufügen und die Birnen wieder dazugeben. Den Weinsud mit einem Blatt Backpapier direkt bedecken. (Dadurch wird auch die Oberfläche der Birnen mit Weinsud überzogen und die Früchte sind gleichmäßig gefärbt.) Die Birnen im Rotweinsud 1 Tag ziehen lassen.

4 Am nächsten Tag für den Stollen den Zucker mit 25 ml Wasser aufkochen. Die Eigelbe und das Ei in einer Rührschüssel leicht schaumig schlagen. Den heißen Zuckersirup, das Lebkuchengewürz und das Vanillemark unterrühren und die Masse im heißen Wasserbad dickschaumig aufschlagen. Anschließend auf Eiswasser kalt schlagen. Die Orangeat-Zitronat-Rosinen-Mischung sowie die Zitrusschalen hinzufügen. 25 g Kuvertüre fein hacken und mit den Pistazien und den Mandelblättchen dazugeben. Zuletzt die Sahne unterheben. Eine Stollenform mit Frischhaltefolie auslegen, die Parfaitmasse hineinfüllen und im Tiefkühlfach mehrere Stunden gefrieren lassen.

5 Für die Glasur die restliche Kuvertüre grob hacken und mit dem Öl im heißen Wasserbad schmelzen. Das Parfait mithilfe der Folie aus der Form stürzen und die Oberfläche mit der Glasur bestreichen. Den geeisten Christstollen erneut in das Tiefkühlfach stellen. Zum Servieren den Stollen in Scheiben schneiden, mit Puderzucker bestäuben und mit den Rotweinbirnen auf Desserttellern anrichten.

Oberbayern

Chiemseer Fischpflanzerl
auf Schmorgurken

Zutaten für 4 Personen

Für die Fischpflanzerl:

60 g Weißbrot

2–3 EL Milch

1/2 Bund Frühlingszwiebeln

1/2 Knoblauchzehe

5 EL Rapsöl

1/2 TL gehackter Ingwer

500 g Wallerfilet (küchenfertig; ohne Haut)

1 Ei · 1 EL scharfer Senf

1 TL Currypulver

1/2 TL abgeriebene unbehandelte Zitronenschale

1 Spritzer Zitronensaft

mildes Chilisalz

frisch geriebene Muskatnuss

Weißbrotbrösel zum Wenden

Für die Schmorgurken:

2 Gärtnergurken

70 ml Gemüsebrühe

mildes Chilisalz

1 EL Olivenöl

1 EL Butter

1 EL Dillspitzen

(frisch geschnitten)

1 Für die Fischpflanzerl das Weißbrot entrinden, in kleine Würfel schneiden und mit der Milch beträufeln. Die Frühlingszwiebeln putzen, waschen und in feine Ringe schneiden. Den Knoblauch schälen und in feine Würfel schneiden. In einer Pfanne 2 EL Öl erhitzen, die Frühlingszwiebeln mit dem Knoblauch und dem Ingwer darin bei milder Hitze andünsten.

2 Das Fischfilet waschen, trocken tupfen und in kleine Würfel schneiden. Mit dem Ei, dem Senf, dem eingeweichten Weißbrot und den Frühlingszwiebeln mischen. Mit Currypulver, Zitronenschale und -saft sowie je 1 Prise Chilisalz und Muskatnuss würzen.

3 Aus der Masse mit angefeuchteten Händen Pflanzerl formen und diese in den Weißbrotbröseln wenden. Das restliche Öl in einer Pfanne erhitzen und die Fischpflanzerl darin auf beiden Seiten bei milder Hitze goldbraun braten. Herausnehmen, auf Küchenpapier abtropfen lassen und warm halten.

4 Für die Schmorgurken den Backofen auf 180 °C vorheizen. Die Gurken waschen und trocken reiben. In die Gurkenschale längs 5 Streifen ritzen (das geht am besten mit dem Kanneliermesser). Die Gurken in etwa 7 mm dicke Scheiben schneiden und auf ein Backblech geben. Die Brühe angießen. Die Gurken mit Chilisalz bestreuen, mit Olivenöl beträufeln und im Ofen auf der mittleren Schiene 8 bis 10 Minuten schmoren.

5 Die geschmorten Gurken aus dem Ofen und vom Blech nehmen. Den Schmorsaft in einen kleinen Topf füllen und etwas einköcheln lassen. Die Gurkenscheiben dazugeben, die Butter und den Dill hinzufügen. Die Schmorgurken auf vorgewärmte Teller verteilen und die Fischpflanzerl darauf anrichten.

Gebratener Chili-Weißwurst-Strudel

mit Radigemüse auf Senfsauce

Zutaten für 4 Personen

Für die Weißwurststrudel:

600 g Weißwurstbrät

80 g Sahne

1 TL milde Chiliflocken

1 TL abgeriebene unbehandelte

Zitronenschale

1 EL Petersilie

(frisch geschnitten)

frisch geriebene Muskatnuss

4 Strudelteigblätter (à 15 x 20 cm;

aus dem Kühlregal)

2 EL flüssige Butter

2–3 EL Öl

Für das Radigemüse und

die Senfsauce:

1 Knoblauchzehe (halbiert)

2 Scheiben Ingwer

1 ausgekratzte Vanilleschote

Salz · 500 g weißer Rettich

1 Bund Frühlingszwiebeln

1 TL Öl · Pfeffer aus der Mühle

frisch geriebene Muskatnuss

2 EL Butter

1/8 l Gemüsebrühe · 125 g Sahne

je 1–2 EL süßer und

scharfer Senf

1–2 EL geschlagene Sahne

1 Für die Weißwurststrudel das Weißwurstbrät mit der Sahne glatt rühren. Mit Chiliflocken, Zitronenschale, Petersilie und Muskatnuss würzen. Die Strudelteigblätter auf ein sauberes Küchentuch legen und mit der flüssigen Butter bestreichen. Jeweils in die Mitte der Teigblätter die Weißwurstmasse etwa 12 x 6 cm breit und 2 cm hoch aufstreichen. Die Strudelteigenden darüber zusammenfalten und vorsichtig andrücken.

2 Das Öl in einer Pfanne erhitzen und die Strudelpäckchen darin auf der Nahtseite bei milder Hitze etwa 4 Minuten hell bräunen. Dann wenden und auf der zweiten Seite weitere 4 Minuten fertig braten. Die Strudel auf Küchenpapier abtropfen lassen.

3 Für das Radigemüse Knoblauch, Ingwer und Vanilleschote in siedendem Salzwasser einige Minuten ziehen lassen. Den Rettich schälen, längs vierteln und in $1/2$ cm breite Scheiben schneiden. In dem aromatisierten Salzwasser etwa 2 Minuten bissfest garen, in ein Sieb abgießen, kalt abschrecken und abtropfen lassen. Die Gewürze wieder entfernen.

4 Die Frühlingszwiebeln putzen, waschen und in etwa 2 cm lange Stücke schneiden. Das Öl in einer Pfanne erhitzen, den Rettich und die Frühlingszwiebeln darin bei mittlerer Hitze andünsten. Mit Salz, Pfeffer und Muskatnuss würzen und 1 EL Butter hinzufügen.

5 Für die Senfsauce die Brühe mit der Sahne erhitzen. Die beiden Senfsorten und die restliche Butter unterrühren und die Senfsauce mit Salz würzen. Zuletzt die geschlagene Sahne unterziehen.

6 Die Senfsauce auf vorgewärmte Teller verteilen. Die Chili-Weißwurst-Strudel in Stücke schneiden und mit dem Radigemüse darauf anrichten.

FC-Bayern-Salat
mit Rindersteak und Kräuterbutter

Zutaten für 4 Personen

Für die Steaks:

4 Rinderfiletsteaks
(à ca. 180 g)
1–2 TL Öl
50 ml Hühnerbrühe
mildes Chilisalz

Für die Kräuterbutter:

1/2 Knoblauchzehe
50 g weiche Butter
1 EL Petersilie (frisch geschnitten)
getrocknetes Bohnenkraut
1/2 TL Currypulver

Für den Salat:

350 g gemischte Salatblätter
(z. B. Eissalat, Frisée, Radicchio,
Chicorée, Kopfsalat, Romana)
1 Rezept »Portwein-Dressing«
(siehe S. 101)

1 Für die Steaks den Backofen auf 100 °C vorheizen. Auf die mittlere Schiene das Ofengitter und darunter ein Abtropfblech schieben. Die Filetsteaks mit dem Handballen flach drücken. Das Öl in einer Pfanne erhitzen und die Steaks darin bei mittlerer Hitze auf beiden Seiten anbraten. Dann auf die Ränder stellen und diese ebenfalls anbraten.

2 Die Steaks auf das Ofengitter legen und im Ofen 30 bis 40 Minuten garen. Den Bratensatz mit der Brühe ablöschen und beiseitestellen.

3 Für die Kräuterbutter den Knoblauch schälen und in feine Würfel schneiden. Die Butter schaumig rühren, den Knoblauch, die Petersilie, 1 Prise Bohnenkraut und das Currypulver unterrühren.

4 Sobald die Steaks fertig gebraten sind, den abgelöschten Bratensatz erhitzen und gegebenenfalls noch etwas einköcheln lassen. Die Kräuterbutter dazugeben, bei milder Hitze zerlassen und mit Chilisalz würzen. Die gebratenen Steaks darin wenden.

5 Für den Salat die Salatblätter waschen, trocken schleudern und in mundgerechte Stücke zupfen. Mit dem Portwein-Dressing marinieren und auf Teller verteilen. Die Rindersteaks in Scheiben schneiden und auf dem Salat anrichten.

Schuhbecks Küchentipp

Für eine schnelle Variante das Filet in gut 1 cm dicke Scheiben schneiden, mit dem Handballen etwas flach drücken und in einer Pfanne bei mittlerer Hitze in ganz wenig Öl auf einer Seite anbraten, bis sich nach etwa 2 Minuten an der Oberfläche Fleischsaftperlen bilden. Jetzt die Filets wenden und auf der zweiten Seite ebenfalls braten, bis etwas Fleischsaft an der Oberfläche zu sehen ist. Die fertig gebratenen Steaks aus der Pfanne nehmen, den Bratensatz ablöschen und Kräuterbutter darin zerlassen. Die Steaks, wie oben beschrieben, darin wenden und auf dem Salat anrichten. Zusätzlich kann man den Salat mit Radieschenscheiben, Cocktailtomaten und Croûtons garnieren.

Portwein-Dressing
mit Joghurt und saurer Sahne

Zutaten für 4 Personen

1 Knoblauchzehe
60 ml Gemüsebrühe
1 Scheibe Ingwer
je 50 g Naturjoghurt und
saure Sahne · 1 TL Dijon-Senf
1 TL Balsamico bianco
1–2 EL Rotweinessig
2 EL weißer Portwein
1 TL Sherry (medium)
Salz · 1 TL Zucker
1 Msp. Cayennepfeffer
je 50 ml Olivenöl
und Rapsöl · 1 TL Walnussöl

1 Den Knoblauch schälen und halbieren. Die Brühe mit dem Ingwer und dem Knoblauch in einem kleinen Topf aufkochen. Beiseitestellen und abkühlen lassen.

2 Die abgekühlte Gewürzbrühe durch ein Sieb gießen und mit dem Joghurt, der sauren Sahne, dem Senf, den beiden Essigsorten, Portwein und Sherry mit dem Stabmixer verrühren. Mit 1 TL Salz, dem Zucker und Cayennepfeffer würzen. Nach und nach alle Ölsorten dazugeben und untermixen.

Schuhbecks Küchentipp

Das Dressing hält sich gut verschlossen etwa 1 Woche im Kühlschrank. Es passt zu knackigen Blattsalaten und gemischten Salaten mit Karotten, Tomaten, Radieschen und Gurken.

Kartoffel-Joghurt-Dressing
mit Kräutern

Zutaten für 4 Personen

1 rote Chilischote
1/2 Kartoffel (ca. 60 g)
400 ml Gemüsebrühe
1/2 kleines Lorbeerblatt
1/2 kleine Knoblauchzehe
je 3 Stiele Basilikum und
Petersilie · 5 Stiele Kerbel
1 kleiner Stiel Dill
1 EL Zitronensaft
3 EL mildes Olivenöl
50 g Naturjoghurt · Salz

1 Die Chilischote längs halbieren, entkernen und waschen. Die Kartoffel schälen, waschen und in 1/2 cm große Würfel schneiden.

2 Die Brühe in einem Topf erhitzen, die Kartoffelwürfel mit dem Lorbeerblatt und der Chilischote darin bei milder Hitze mehr ziehen als köcheln lassen (damit die Flüssigkeit nicht zu stark einkocht), bis die Kartoffelwürfel weich sind. Lorbeerblatt entfernen.

3 Den Knoblauch schälen. Die Kräuter waschen, trocken schütteln und die Blätter bzw. Spitzen abzupfen. Die Brühe samt Kartoffelwürfeln und Chilischote mit dem Knoblauch, den Kräutern, dem Zitronensaft, dem Olivenöl und dem Joghurt mit dem Stabmixer pürieren. Das Kartoffel-Joghurt-Dressing mit Salz abschmecken. Das Dressing passt gut zu Blattsalaten, vor allem zu Feldsalat.

Gebratene Renke

im Zwiebelsud mariniert

Zutaten für 4 Personen

2 Zwiebeln
je 1 TL Wacholderbeeren,
Senf-, Koriander- und
schwarze Pfefferkörner
2–3 EL Öl
1 EL Zucker
150 ml Weißweinessig
1/2 l Gemüsebrühe
1 Lorbeerblatt
2 getrocknete rote Chilischoten
je 1 EL Dillspitzen und Peter-
silie (grob geschnitten)
1 Knoblauchzehe (halbiert)
2 Scheiben Ingwer
4 Renkenfilets (à ca. 80 g;
küchenfertig, mit Haut)
4 EL doppelgriffiges Mehl
1 EL Schnittlauchröllchen

1 Die Zwiebeln schälen und in feine Streifen schneiden. Wacholderbeeren, Senf-, Koriander- und Pfefferkörner in einem Topf ohne Fett bei milder Hitze anrösten, bis sie nach etwa 1 Minute zu duften beginnen. Dann 1 EL Öl dazugeben und die Zwiebelstreifen darin glasig dünsten.

2 Den Zucker hinzufügen und mit Essig ablöschen. Die Brühe angießen, das Lorbeerblatt, die Chilischoten, die Kräuter, den Knoblauch und den Ingwer dazugeben. Den Sud einmal aufkochen lassen und in eine flache Form füllen.

3 Die Renkenfilets waschen, trocken tupfen, halbieren und auf der Hautseite mit Mehl bestäuben. Das restliche Öl in einer Pfanne erhitzen und die Fischfilets darin auf der Hautseite bei mittlerer Hitze etwa 2 Minuten kross anbraten. Die Fischfilets aus der Pfanne nehmen, mit der rohen Fleischseite nach unten in den heißen Zwiebelsud legen und darin glasig durchziehen lassen. Anschließend die Renkenfilets in dem Sud zugedeckt mehrere Stunden im Kühlschrank durchziehen lassen.

4 Zum Anrichten die Renkenfilets aus dem Zwiebelsud nehmen und mit einigen Zwiebelstreifen auf einer Platte anrichten. Mit Schnittlauch bestreuen und nach Belieben mit Olivenöl beträufeln.

Schuhbecks Küchentipp

Den eingelegten Fisch am besten 30 Minuten vor dem Servieren aus dem Kühlschrank nehmen, damit er Zimmertemperatur annehmen kann. Wer möchte, kann den Fisch auch warm kurz nach dem Einlegen servieren. Dann sollte man ihn mit etwas Sud in vorgewärmten tiefen Tellern anrichten. Dazu passen Petersilienkartoffeln. Statt Renkenfilets können Sie auch Saiblings- oder Forellenfilets marinieren.

Klare Rindersuppe
mit Grießnockerln und Feldsalat-Pesto

1 Für die Rindersuppe das Öl in einem Topf erhitzen und die Rinderbrust darin bei mittlerer Hitze rundum anbraten. Etwa 3 l Wasser angießen – das Fleisch sollte gut bedeckt sein. Das Fleisch knapp unter dem Siedepunkt etwa 2 ³/₄ Stunden mehr ziehen als köcheln lassen, bis es weich ist. Dabei den aufsteigenden Schaum abschöpfen.

2 Die Karotte und den Sellerie putzen, schälen und grob zerkleinern. Den Lauch putzen, waschen und dritteln. Die Zwiebeln ungeschält quer halbieren und in einer unbeschichteten Pfanne ohne Fett auf der Schnittfläche etwas anrösten. Alle Gemüsesorten nach 2 Stunden Garzeit mit den Gewürzen zur Brühe geben. Am Ende der Garzeit das Fleisch herausnehmen, die Brühe durch ein feines Sieb gießen und mit Salz abschmecken. Das Fleisch mit dem Gemüse in der Brühe warm halten.

3 Inzwischen für die Grießnockerln die Butter schaumig rühren und das Ei unterrühren. Den Grieß untermischen. Die Masse mit Salz und Muskatnuss würzen und bei Zimmertemperatur etwa 1 Stunde quellen lassen.

4 In einem großen Topf reichlich Salzwasser mit dem Lorbeerblatt erhitzen. Aus der Grießmasse mit zwei angefeuchteten Teelöffeln Nocken abstechen, in das heiße Wasser geben und knapp unter dem Siedepunkt 15 Minuten gar ziehen lassen.

5 Für das Feldsalat-Pesto den Spinat und den Feldsalat verlesen, waschen und trocken schleudern, die groben Spinatstiele entfernen. Den Spinat in kochendem Salzwasser 1 bis 2 Minuten blanchieren. In ein Sieb abgießen, kalt abschrecken und abtropfen lassen. Die Spinatblätter mit den Händen gut ausdrücken und grob hacken. Die Mandeln in einer beschichteten Pfanne ohne Fett goldbraun rösten. Herausnehmen und abkühlen lassen. Den Knoblauch schälen und klein schneiden. Den Spinat mit Feldsalat, Mandeln, Knoblauch, brauner Butter und Parmesan im Küchenmixer pürieren. Das Pesto mit Chilisalz und Muskatnuss würzen.

6 Das Fleisch aus der Brühe nehmen und in Scheiben schneiden. Mit dem Gemüse und den Grießnockerln in vorgewärmten tiefen Tellern anrichten. Nach Belieben etwas Muskatnuss darüberreiben und die Brühe angießen. Jeweils etwas Pesto darüberträufeln.

Kräuterbackhendl

mit Kartoffel-Radieserl-Salat

Zutaten für 4 Personen

Für die Backhendl:

4 Hähnchenbrustfilets

(à ca. 120 g; ohne Haut)

150 g saure Sahne

je 1 TL getrockneter Oregano,

Thymian und Majoran

1 TL getrocknetes Bohnenkraut

1 EL Orangensaft

1–2 TL Zitronensaft

1 TL abgeriebene unbehandelte

Zitronenschale

Pfeffer aus der Mühle · 2 Eier

Salz · frisch geriebene Muskat-

nuss · mildes Chilipulver

1 EL steif geschlagene Sahne

80 g doppelgriffiges Mehl

100 g Weißbrotbrösel

200 ml Öl zum Ausbacken

6 EL braune Butter

(siehe Tipp S. 34)

Für den Salat:

1 kg vorwiegend festkochende

Kartoffeln · Salz · 1 TL ganzer

Kümmel · 8–10 Radieschen

1/4 Kopf Endiviensalat

1 kleine Zwiebel · 1 EL Öl

350–400 ml Hühnerbrühe

3 EL Rotweinessig

1–2 TL scharfer Senf

Cayennepfeffer · Zucker

3 EL flüssige braune Butter

1 Am Vortag für die Backhendl die Hähnchenbrustfilets waschen, trocken tupfen und schräg in etwa 1 1/2 cm dicke Scheiben schneiden. Die saure Sahne mit Oregano, Thymian, Majoran, Bohnenkraut, Orangen- und Zitronensaft, Zitronenschale und Pfeffer verrühren. Die Hähnchenscheiben damit mischen und über Nacht im Kühlschrank marinieren.

2 Am nächsten Tag für den Salat die Kartoffeln waschen und in kochendem Salzwasser mit dem Kümmel weich garen. Inzwischen die Radieschen putzen, waschen und in dünne Scheiben hobeln. Den Endiviensalat putzen, waschen, trocken schleudern und in Streifen schneiden. Die Zwiebel schälen und in feine Würfel schneiden. Das Öl in einer Pfanne erhitzen und die Zwiebel darin bei milder Hitze glasig dünsten.

3 Die Kartoffeln abgießen, ausdampfen lassen, möglichst heiß pellen, in dünne Scheiben schneiden und in eine Schüssel geben. Die Brühe erhitzen, mit Essig und Senf verrühren und mit Salz sowie je 1 Prise Cayennepfeffer und Zucker würzen. Eine Handvoll Kartoffeln hinzufügen und mit dem Stabmixer pürieren.

4 Das Dressing nach und nach unter die Kartoffelscheiben mischen, bis die Flüssigkeit vollständig gebunden ist. Dann die braune Butter, die Radieschen, die Endivienstreifen und die Zwiebel untermischen.

5 Die Eier in einem tiefen Teller verquirlen, mit Salz sowie je 1 Prise Muskatnuss und Chilipulver würzen. Die Sahne unterziehen. Das Mehl und die Weißbrotbrösel ebenfalls in je 1 tiefen Teller geben. Die Hähnchenstücke samt Marinade zuerst im Mehl wenden, dann durch die verquirlten Eier ziehen und zuletzt mit den Weißbrotbröseln panieren, dabei die Panade nicht zu fest andrücken.

6 Das Öl in einer Pfanne erhitzen und die panierten Hähnchenstücke darin bei mittlerer Hitze rundum goldbraun ausbacken. Die braune Butter in einer weiteren Pfanne bei milder Hitze zerlassen, die gebackenen Hähnchenstücke darin kurz wenden und auf Küchenpapier abtropfen lassen.

7 Die Kräuterbackhendl mit dem Kartoffel-Radieserl-Salat anrichten. Nach Belieben mit Schnittlauchröllchen bestreuen und mit Zitronenspalten, Feldsalat und Cocktailtomaten garnieren.

Altbayerisches Krautfleisch
mit Spitzkohl und saurer Sahne

Zutaten für 4 Personen

Für das Fleisch:

1 kg Schweineschulter (ohne
Schwarte und Knochen;
ersatzweise Fleisch aus
der Keule)
3 Zwiebeln · 1–2 EL Öl
1–2 EL Tomatenmark
200 ml trockener Rotwein
800 ml Hühnerbrühe
1 EL Paprikapulver (edelsüß)
1/2 Knoblauchzehe
(in Scheiben)
2 Scheiben Ingwer
je 1 TL ganzer Kümmel und
getrockneter Majoran
1 TL abgeriebene unbehan-
delte Zitronenschale
Salz · mildes Chilipulver

Für das Kraut:

1/4 Kopf junger
Spitzkohl · 1 EL Öl
je 1 EL Korianderkörner und
ganzer Kümmel · Salz
1 EL Petersilie
(frisch geschnitten)

Zum Anrichten:
100 g saure Sahne

1 Für das Fleisch die Schweineschulter in etwa 3 cm große Würfel schneiden. Die Zwiebeln schälen und in feine Würfel schneiden.

2 Das Öl in einem Topf erhitzen, das Fleisch darin bei milder Hitze portionsweise rundum anbraten und wieder aus dem Topf nehmen. Die Zwiebeln im Bratensatz bei milder Hitze andünsten. Das Tomatenmark unterrühren und kurz anrösten, mit dem Wein ablöschen und auf die Hälfte einköcheln lassen. Das Fleisch wieder hinzufügen und die Brühe angießen. Den Deckel so auf den Topf legen, dass ein Spalt offen bleibt. Das Fleisch bei milder Hitze 2 Stunden weich schmoren, aber nicht köcheln lassen. Nach 1 Stunde den Deckel abnehmen, damit die Sauce noch etwas sämiger wird.

3 Das Paprikapulver mit wenig kaltem Wasser glatt rühren. Knoblauch, Ingwer, Kümmel und Majoran fein hacken und die Zitronenschale untermischen. Den Paprika und die Gewürzmischung zum Fleisch geben und 10 Minuten ziehen lassen. Das Fleisch mit Salz und Chilipulver herzhaft abschmecken.

4 Für das Kraut den Spitzkohl putzen, die äußeren Blätter entfernen und den Strunk herausschneiden. Den Kohl in Rauten schneiden. Das Öl in einer Pfanne erhitzen und den Spitzkohl darin bei mittlerer Hitze einige Minuten anbraten. Den Koriander und den Kümmel in eine Gewürzmühle füllen. Das Kraut mit Salz und den Gewürzen aus der Mühle würzen und die Petersilie untermischen.

5 Das Kraut auf vorgewärmte tiefe Teller verteilen und das Fleisch darauf anrichten. Die saure Sahne glatt rühren und jeweils 1 Klecks daraufgeben. Die Gewürze aus der Mühle grob darübermahlen.

Schuhbecks Küchentipp

*Als Beilage dazu passen Kartoffelpüree, Semmel- oder Brezen-
knödel. Sie können statt des Spitzkohls auch jungen Weißkohl
für das Krautfleisch verwenden.*

Gegrillte Schweinshaxe
auf Münchner Rahmkraut

Zutaten für 4 Personen

Für die Schweinshaxen:

1 Zwiebel · 1 Lorbeerblatt

3 Gewürznelken · Salz

1 TL schwarze Pfefferkörner

1 TL ganzer Kümmel

2 hintere Schweinshaxen

(à ca. 1 1/2 kg; mit Schwarte)

Für die Bratkartoffeln:

500 g festkochende kleine

Kartoffeln · Salz

1 TL ganzer Kümmel

100 g geräucherter

Bauchspeck · 1–2 EL Öl

Pfeffer aus der Mühle

1/2 TL getrockneter Majoran

1 EL Petersilie

(frisch geschnitten)

Für das Rahmkraut:

1/2 Kopf junger Weißkohl

2 kleine Zwiebeln · 2 Karotten

200 g Knollensellerie

1 EL Öl

50 ml trockener Weißwein

50 ml Gemüsebrühe

1/2 TL Fenchelsamen

je 1 TL Korianderkörner und

ganzer Kümmel

80 g Sahne · 1–2 EL Peter-

silie (frisch geschnitten)

mildes Chilisalz

1 Für die Schweinshaxen die Zwiebel schälen und das Lorbeerblatt mit den Gewürznelken darauf feststecken. In einem großen Topf reichlich Salzwasser aufkochen, die gespickte Zwiebel, die Pfefferkörner und den Kümmel hinzufügen. Die Schweinshaxen in den Topf geben, sie sollten vollständig mit Salzwasser bedeckt sein. Die Haxen knapp unter dem Siedepunkt 1 1/2 Stunden gar ziehen lassen, dabei den aufsteigenden Schaum abschöpfen.

2 Den Backofen auf 200 °C (Umluft) vorheizen. Ein Ofengitter auf die mittlere Schiene und darunter ein Abtropfblech schieben. Die Haxen aus dem Topf nehmen, auf das Ofengitter legen und im Ofen 1 Stunde rundum kross braten.

3 Inzwischen für die Bratkartoffeln die Kartoffeln waschen und in kochendem Salzwasser mit 1/2 TL Kümmel weich garen. Abgießen, kurz ausdampfen lassen, pellen, in Scheiben schneiden und auskühlen lassen. Den Speck in Streifen schneiden. Das Öl in einer großen Pfanne erhitzen und die Kartoffeln darin bei milder Hitze langsam braten. Die Kartoffeln wenden, wenn sie anfangen zu bräunen. Den Speck mit dem restlichen Kümmel dazugeben und mitbraten, dabei gelegentlich schwenken. Die Bratkartoffeln mit Salz, Pfeffer und Majoran würzen und die Petersilie untermischen.

4 Für das Rahmkraut den Kohl putzen, die äußeren Blätter entfernen und den Strunk herausschneiden. Den Kohl in Rauten schneiden. Zwiebeln schälen, Karotten und Sellerie putzen und schälen. Zwiebeln in Rauten schneiden, Karotten und Sellerie erst in dünne Scheiben, dann in Rauten schneiden. Zwiebeln, Karotten und Sellerie in einer tiefen Pfanne bei mittlerer Hitze im Öl andünsten. Den Kohl dazugeben, kurz mitdünsten und mit dem Wein ablöschen. Die Brühe hinzufügen und das Kraut zugedeckt knapp unter dem Siedepunkt 10 bis 15 Minuten ziehen lassen. Die Gewürze in eine Gewürzmühle füllen und das Kraut damit würzen. Die Sahne unterrühren und das Kraut weitere 5 Minuten ziehen lassen. Die Petersilie untermischen und das Rahmkraut mit Chilisalz abschmecken.

5 Die Haxen aus dem Ofen nehmen und mit einem Sägemesser am Knochen entlang einschneiden. Den Knochen auslösen und das Fleisch jeweils in 2 Portionen schneiden. Kartoffeln mit dem Rahmkraut auf vorgewärmte Teller verteilen und die Haxen daraufsetzen.

Spanferkelrücken mit Wurzelgemüse
und Kartoffel-Kerbel-Sauce

Zutaten für 4 Personen
Für das Spanferkel:
400 ml Hühnerbrühe
1 kg Spanferkelrücken
1–2 TL ganzer Kümmel
1 TL Korianderkörner
1 Knoblauchzehe
2 Scheiben Ingwer · 4 EL Butter
1 EL Fleur de Sel
1 TL abgeriebene unbehandelte Zitronenschale
mildes Chilipulver
2 EL Petersilie (frisch geschnitten)

Für die Sauce und das Gemüse:
100 g mehlig kochende Kartoffeln
310 ml Gemüsebrühe
1/2 Lorbeerblatt
1/2 getrocknete rote Chilischote
1 Knoblauchzehe (in Scheiben)
3 Scheiben Ingwer
80 g Sahne
1 Handvoll Kerbelblätter
2 EL braune Butter
(siehe Tipp S. 34)
mildes Chilisalz
frisch geriebene Muskatnuss
2 gelbe Karotten · 2 Karotten
1 Petersilienwurzel
2 Stangen Staudensellerie
Salz · 1 reife Birne
1 ausgekratzte Vanilleschote

1 Für das Spanferkel den Backofen auf 160 °C vorheizen. Die Brühe in einer Pfanne erhitzen. Den Spanferkelrücken mit der Schwarte nach unten in die Brühe legen und die Schwarte bei milder Hitze 20 bis 30 Minuten weich ziehen lassen. Aus der Pfanne nehmen und die Schwarte einritzen. Die Brühe in einen Bräter füllen, gegebenenfalls noch etwas Brühe nachgießen. Den Braten mit der Schwarte nach oben hineinlegen und im Ofen auf der untersten Schiene etwa 45 Minuten garen. Dann die Backofentemperatur auf 220 bis 230 °C (Oberhitze) erhöhen und etwa 20 Minuten kross braten.

2 Für die Sauce die Kartoffeln schälen, waschen und in 1/2 cm große Würfel schneiden. In 1/4 l Brühe mit dem Lorbeerblatt und der Chilischote knapp unter dem Siedepunkt etwa 30 Minuten weich ziehen lassen. Nach 25 Minuten je 1 Scheibe Knoblauch und Ingwer hinzufügen. Lorbeer, Chili, Knoblauch und Ingwer wieder entfernen und die Kartoffeln mit Brühe, Sahne, Kerbel und 1 EL brauner Butter nicht zu fein pürieren. Mit Chilisalz und Muskatnuss abschmecken.

3 Für das Gemüse Karotten und Petersilienwurzel putzen und schälen, Sellerie putzen und waschen. Das Gemüse in etwa 1 cm breite und 5 cm lange Stifte schneiden. In Salzwasser bissfest garen, kalt abschrecken und abtropfen lassen. Die Birne waschen, vierteln, entkernen und in schmale Spalten schneiden. Die restliche Brühe mit der Vanilleschote sowie dem übrigen Knoblauch und Ingwer in einer Pfanne erhitzen. Die Gemüsestifte und Birnenspalten darin erwärmen. Mit Chilisalz und Muskatnuss würzen und die restliche braune Butter unterrühren.

4 Für das Spanferkel Kümmel und Koriander in einer Pfanne ohne Fett rösten, bis sie zu duften beginnen. Den Knoblauch schälen und in Scheiben schneiden, den Ingwer schälen und hacken. Kümmel, Koriander, Knoblauch und Ingwer im Mörser fein zerreiben, mit der Butter zurück in die Pfanne geben und bei milder Hitze zerlassen. Das Fleur de Sel mit der Zitronenschale und etwas Chilipulver mischen und die Butter damit würzen. Die Petersilie untermischen. Den Spanferkelrücken damit beträufeln und in Scheiben schneiden.

5 Die Kartoffel-Kerbel-Sauce auf vorgewärmte Teller verteilen. Die Spanferkelscheiben und das Gemüse darauf anrichten und nach Belieben mit Zitronensalz bestreuen.

Gerolltes Münchner Schnitzel
mit Kohlrabigemüse

Zutaten für 4 Personen
Für die Schnitzel:
1 Scheibe Toastbrot · 1 EL Butter
1 Scheibe Knollensellerie
(ca. 1 cm dick)
1 gelbe Karotte · 1 Karotte
1 Scheibe gekochter Schinken
(1 cm dick; ca. 100 g)
200 g Leberkäsebrät · 2 EL Sahne
je 1 TL Sahnemeerrettich (aus
dem Glas), Dijon- und süßer Senf
1 EL Petersilie (frisch geschnitten)
Salz · 4 dünne Kalbsschnitzel
(aus der Oberschale)
Öl für die Folie
mildes Chilisalz · 4 Cornichons

Für das Kohlrabigemüse und
die Kräuterbutter:
2 Kohlrabi (mit Grün)
100 ml Gemüsebrühe
100 g Sahne
3 EL Petersilie (frisch geschnitten)
mildes Chilisalz
frisch geriebene Muskatnuss
1 Knoblauchzehe
100 g weiche Butter
je 1 EL Dillspitzen und Kerbel
(frisch geschnitten)
je 1 Msp. geriebener Ingwer
und abgeriebene unbehan-
delte Zitronenschale
1/2 TL Currypulver

1 Für die Schnitzel das Toastbrot entrinden und in 1 cm breite Streifen schneiden. In einer Pfanne in der Butter kurz anrösten und abkühlen lassen. Den Sellerie und die Karotten putzen, schälen und ebenso wie den Schinken in etwa 1 cm breite Stifte schneiden. Alle Gemüsesorten in Salzwasser bissfest garen, kalt abschrecken und auf einem Sieb abtropfen lassen. Das Leberkäsebrät mit der Sahne glatt rühren, den Sahnemeerrettich, die beiden Senfsorten und die Petersilie unterrühren.

2 In einem breiten Topf reichlich Salzwasser zum Kochen bringen. Die Schnitzel zwischen zwei Lagen geölter Frischhaltefolie noch etwas dünner klopfen. Einen großen Bogen Alufolie mit Frischhaltefolie belegen, die Schnitzel leicht überlappend darauflegen und mit Chilisalz würzen. Das angerührte Leberkäsebrät auf das Fleisch streichen. Sellerie-, Karotten- und Schinkenstifte, Toastbrotstreifen und Cornichons am unteren Ende verteilen und das Fleisch mithilfe der Frischhaltefolie aufrollen. Die Fleischrolle zuerst locker in die Frischhaltefolie, dann in die Alufolie wickeln und die Enden fest zudrehen. Die Fleischrolle in das kochende Salzwasser geben und den Deckel so auflegen, dass ein Spalt offen bleibt. Die Rolle bei 80 bis 90°C etwa 40 Minuten gar ziehen lassen, dabei einmal wenden.

3 Für das Kohlrabigemüse die Kohlrabi putzen und schälen, die kleinen grünen Blätter beiseitelegen. Die Kohlrabi zunächst in etwa 1/2 cm dicke Scheiben und dann in 2 bis 3 cm große Stücke schneiden. Mit der Brühe in einen Topf geben und zugedeckt knapp unter dem Siedepunkt etwa 20 Minuten gar ziehen lassen. Die Sahne dazugeben und etwas einköcheln lassen. Das Kohlrabigrün fein schneiden und mit 1 EL Petersilie untermischen. Das Gemüse mit Chilisalz und Muskatnuss würzen.

4 Für die Kräuterbutter den Knoblauch schälen und in feine Würfel schneiden. Die Butter schaumig rühren. Restliche Petersilie, Dill, Kerbel, Knoblauch, Ingwer und Zitronenschale untermischen, die Kräuterbutter mit Curry und Chilisalz würzen. Die Fleischrolle aus dem Wasser nehmen und auswickeln. Den ausgetretenen Fleischsaft in einer Pfanne aufkochen, vom Herd nehmen und 2 EL Kräuterbutter unterrühren (den Rest anderweitig verwenden). Die Schnitzelrolle schräg in Scheiben schneiden, mit dem Kohlrabigemüse auf vorgewärmten Tellern anrichten und mit der Kräuterbutter beträufeln.

Rehrücken im Wiesenchampignon

mit Spitzkohl-Pfifferling-Gemüse

1 Für die Champignons den Backofen auf 120°C vorheizen. Die Champignons putzen, dabei die Stiele und weitgehend die Lamellen entfernen, und trocken abreiben.

2 Das Kalbsbrät mit der Sahne glatt rühren. Die Petersilie unterrühren und die Masse mit Salz, Pfeffer sowie je 1 Prise Cayennepfeffer und Muskatnuss würzen.

3 Das Rehrückenfilet von Fett und Sehnen befreien und in 4 gleich große Stücke schneiden. Etwas Kalbsbrät in die Champignons streichen und je 1 Stück Rehrückenfilet daraufsetzen. Das restliche Brät darauf verteilen und mit einem Messer glatt streichen, das Messer dabei zwischendurch in warmes Wasser tauchen.

4 Das Öl in einer Pfanne erhitzen und die Champignons darin bei mittlerer Hitze auf der nicht gefüllten Seite kurz anbraten. Die Pilze auf ein Backblech setzen und den Rehrücken im Ofen auf der mittleren Schiene etwa 35 Minuten rosa garen.

5 Inzwischen für das Spitzkohl-Pfifferling-Gemüse den Kohl putzen, die äußeren Blätter entfernen und den Strunk herausschneiden. Den Kohl in Rauten schneiden. Die Pfifferlinge putzen und trocken abreiben. Das Öl in einer Pfanne erhitzen, den Spitzkohl und die Pilze darin einige Minuten anbraten. Mit Salz, Pfeffer, 1 Prise Kümmel und der Zitronenschale würzen und die Butter mit der Petersilie dazugeben. Die gefüllten Champignons mit dem Spitzkohl-Pfifferling-Gemüse auf vorgewärmten Tellern anrichten.

Schuhbecks Küchentipp

Achten Sie beim Füllen darauf, dass Sie nicht zu viel Kalbsbrät
in die Champignons streichen, damit die Filetstücke
die Pilze gut ausfüllen. Besonders dekorativ sieht es aus,
wenn man die Rehrückenstücke vor dem Einlegen in
die Champignons in blanchierte Spinatblätter wickelt.

Schmankerlcreme Orlando
(Buttermilch-Himbeer-Creme mit gefüllten Mandelhippen)

Zutaten für 4 Personen

Für die Schmankerlcreme:

140 g Himbeeren (tiefgekühlt)
250 g Buttermilch
30 g Puderzucker (gesiebt)
1 EL Zitronensaft
je 1/2 TL abgeriebene unbehandelte Zitronen- und Orangenschale
3 1/2 Blatt weiße Gelatine
120 g Sahne
1 Eiweiß
2–3 EL Zucker

Für die Mandelhippen:

30 g Puderzucker
3 EL Mehl
1 Eiweiß
3 EL flüssige Butter
Zimtpulver
4 TL Mandelblättchen

Zum Anrichten:

100 g frische Himbeeren (verlesen)
einige Minzeblätter
Puderzucker zum Bestäuben

1 Für die Schmankerlcreme die Himbeeren auftauen lassen. Die Buttermilch mit dem Puderzucker, dem Zitronensaft und den Zitrusschalen verrühren. 3 Blätter Gelatine in kaltem Wasser einweichen. In einem kleinen Topf 5 EL Buttermilchmischung leicht erwärmen, die Gelatine ausdrücken und in der warmen Buttermilch auflösen, dann unter die restliche Buttermilch rühren.

2 Die Sahne halb steif schlagen. Das Eiweiß mit 1 EL Zucker zu einem festen, cremigen Schnee schlagen und kurz kühl stellen. Die Buttermilchmasse auf Eiswasser kalt rühren, bis sie leicht zu stocken beginnt, dann den Eischnee und die Sahne unterheben.

3 Für die Marmorierung die restliche Gelatine in kaltem Wasser einweichen. Die Himbeeren mit dem restlichen Zucker pürieren, durch ein Sieb streichen und 60 g Himbeermark abwiegen. Die Hälfte davon leicht erwärmen, die Gelatine ausdrücken, darin auflösen und unter das übrige Himbeermark rühren.

4 Die Hälfte des Himbeermarks auf Eiswasser leicht anziehen lassen. Dann in die Buttermilchcreme träufeln und einen Kochlöffelstiel einige Male durch die Creme ziehen, sodass eine Marmorierung entsteht. Die Creme vorsichtig in Portionsförmchen füllen und im Kühlschrank 2 bis 3 Stunden fest werden lassen. Das restliche Himbeermark bei Zimmertemperatur für die Garnitur aufbewahren.

5 Für die Mandelhippen den Backofen auf 200°C vorheizen. Den Puderzucker, das Mehl, das Eiweiß, die Butter und 1 Prise Zimt verrühren. Ein Backblech mit Dauerbackfolie belegen. Aus der Masse 4 gleich große Portionen abnehmen und in möglichst großem Abstand auf die Backfolie setzen. Mit einer Palette oder einem Esslöffelrücken zu gleichmäßigen Kreisen (à 10 cm Durchmesser) ausstreichen, Palette oder Löffelrücken dabei öfter in warmes Wasser tauchen. Die Teigkreise mit den Mandelblättchen bestreuen und im Ofen auf der mittleren Schiene etwa 5 Minuten hellbraun backen. Noch heiß in Kaffeetassen drücken und auskühlen lassen.

6 Die Förmchen mit der Schmankerlcreme in heißes Wasser tauchen und die Creme auf Dessertteller stürzen. Die Mandelhippen neben die Creme auf die Teller setzen, die frischen Himbeeren mit dem restlichen Himbeermark mischen und in die Hippen füllen. Mit Minze garnieren und mit Puderzucker bestäuben.

Prinzregentenkücherl
mit Schokoladensauce

Zutaten für 4 Personen

Für die Schokoladensauce:

200 g dunkle Kuvertüre

200 g Sahne

5 Kardamomkapseln

2 Splitter Zimtrinde

2 Scheiben Ingwer

mildes Chilipulver

1–2 EL Orangenlikör

Für die Prinzregentenkücherl:

3–4 leicht säuerliche Äpfel

(z. B. Boskop oder Braeburn)

2 Eier · Salz

120 g Zucker

200 g Mehl

300 ml helles Bier

je 1 TL Fenchelsamen,

Koriander- und schwarze

Pfefferkörner

ca. 400 ml Öl zum Ausbacken

1 TL Zimtpulver

Außerdem:

Puderzucker zum Bestäuben

einige Minzeblätter

1 Für die Schokoladensauce die Kuvertüre hacken. Die Sahne einmal aufkochen, vom Herd nehmen und die Kuvertüre unterrühren. Kardamom, Zimt, Ingwer, 1 Prise Chilipulver und den Likör dazugeben und die Gewürze 5 bis 10 Minuten ziehen lassen. Die Schokoladensauce durch ein Sieb gießen.

2 Für die Prinzregentenkücherl die Äpfel schälen und mit einem Kernausstecher die Kerngehäuse entfernen. Die Äpfel in 1/2 bis 1 cm dicke Ringe schneiden.

3 Die Eier trennen. Die Eiweiße mit 1 Prise Salz und 2 EL Zucker cremig aufschlagen. Das Mehl mit dem Bier in einer Schüssel glatt rühren. Die Eigelbe dazugeben und alles zu einem glatten Teig verrühren. Fenchel, Koriander und Pfeffer in eine Gewürzmühle füllen und den Teig damit würzen. Den Eischnee unterheben.

4 Das Öl in einem breiten Topf auf 170 °C erhitzen. Die Apfelringe portionsweise durch den Teig ziehen, etwas abtropfen lassen und im Öl goldbraun ausbacken, dabei einmal wenden. Die Kücherl herausnehmen und auf Küchenpapier abtropfen lassen.

5 Den restlichen Zucker mit dem Zimt mischen. Die Kücherl im Zimtzucker wälzen und bis zur Hälfte in die Schokoladensauce tauchen. Die Prinzregentenkücherl auf Desserttellern anrichten, mit Puderzucker bestäuben und mit Minze garnieren.

Schuhbecks Küchentipp

Servieren Sie die Prinzregentenkücherl auch einmal mit einer Schokoladen-Orangen-Sauce: Dafür etwas abgeriebene unbehandelte Orangenschale mit den anderen Gewürzen in die Schokoladensauce geben und, wie oben beschrieben, weiterverarbeiten. Diese Sauce wird warm serviert. Sie passt auch gut zu Pfannkuchen oder eignet sich für Schokoladenfondue.

Apfel-Birnen-Strudel
mit Mandelblättchen

Zutaten für 8–10 Personen

Für den Strudelteig:

300 g Mehl · Salz

4 EL Öl · 1 Eigelb

Für die Füllung:

4 leicht säuerliche Äpfel

(z. B. Boskop oder Braeburn)

4 reife, feste Birnen

(z. B. Williams Christ

oder Forelle)

70 g Mandelblättchen

60 g Zucker

1/2–1 TL Zimtpulver

60 g Rumrosinen

Saft von 1 Zitrone

100 g Biskuitbrösel

Außerdem:

Mehl zum Verarbeiten

4 EL flüssige Butter

Butter für das Blech

Puderzucker zum Bestäuben

1 Für den Strudelteig das Mehl in eine Schüssel sieben und 1 Prise Salz darüberstreuen. In die Mitte eine Mulde drücken. 3 EL Öl mit 150 ml lauwarmem Wasser und dem Eigelb in die Mulde geben und alle Zutaten mit den Knethaken des Handrührgeräts oder mit den Händen auf der bemehlten Arbeitsfläche zu einem glatten Teig verkneten.

2 Den Strudelteig halbieren, zu 2 Kugeln formen und mit dem restlichen Öl bestreichen. Die Teigkugeln jeweils in Frischhaltefolie wickeln und bei Zimmertemperatur etwa 1 Stunde ruhen lassen.

3 Für die Füllung die Äpfel und Birnen schälen und bis auf die Kerngehäuse hobeln. Oder die Früchte schälen, vierteln, entkernen und in 1/2 bis 1 cm große Würfel schneiden. Die Mandelblättchen in einer beschichteten Pfanne ohne Fett anrösten. Zucker und Zimt mischen und mit den Rumrosinen, dem Zitronensaft, den Biskuitbröseln und den Mandeln unter die Äpfel und Birnen mischen.

4 Den Backofen auf 200 °C vorheizen. Eine der beiden vorbereiteten Strudelteigkugeln vorsichtig aus der Folie wickeln, mit Mehl bestäuben und auf einem großen bemehlten Küchentuch (etwa 40 x 40 cm) mit dem Nudelholz etwas ausrollen. Dann den Teig über die Handrücken vorsichtig zu einem hauchdünnen Rechteck ausziehen und sofort mit etwas flüssiger Butter bestreichen.

5 Die Hälfte der Füllung in einem breiten Streifen auf die Längsseite des Teigs verteilen. Dabei an den Schmalseiten je einen 5 cm breiten Rand frei lassen und diesen nach innen einschlagen. Den Strudel mithilfe des Tuchs aufrollen und mit der Nahtseite auf ein gefettetes Backblech legen. Den zweiten Strudel auf die gleiche Weise herstellen. Beide Strudel mit der restlichen flüssigen Butter bestreichen und im Ofen auf der mittleren Schiene 20 bis 25 Minuten goldbraun backen. Die Strudel etwas abkühlen lassen und vor dem Servieren mit Puderzucker bestäuben.

Salzburger Land

Lungauer Kartoffelsuppe
(Lungauer Eachtlingssuppe)

Zutaten für 4 Personen

Für die Gewürzmischung:

je 1 EL Fenchelsamen, ganzer Kümmel und Korianderkörner

Für die Kartoffelsuppe:

600 g festkochende Kartoffeln
100 g Knollensellerie
1 Karotte · 1 EL Rapsöl
800 ml Gemüsebrühe
2 Lorbeerblätter
1 Knoblauchzehe (in Scheiben)
2 Scheiben Ingwer
getrockneter Majoran
200 g Sahne
frisch geriebene Muskatnuss
2 Liebstöckelblätter

Für die Einlage:

150 g gemischte Pilze
(z. B. Pioppini, Steinpilze, Pfifferlinge) · 1 EL Öl
gemahlener Kümmel
1 EL Petersilie (frisch geschnitten)
1 Msp. abgeriebene unbehandelte Zitronenschale
Salz · Pfeffer aus der Mühle
2 möglichst dünne Scheiben Bauernbrot · 3 EL Rapsöl
1/2 Zwiebel · mildes Chilisalz

1 Für die Gewürzmischung Fenchel, Kümmel und Koriander in eine Gewürzmühle füllen.

2 Für die Kartoffelsuppe die Kartoffeln schälen und waschen, den Sellerie und die Karotte putzen und schälen. Das Gemüse in 1/2 bis 1 cm große Würfel schneiden. Das Öl in einem Topf erhitzen, die Sellerie- und Karottenwürfel darin bei mittlerer Hitze andünsten. Die Kartoffelwürfel dazugeben und die Brühe angießen. Die Lorbeerblätter, Knoblauch, Ingwer und 1 Prise Majoran hinzufügen und das Gemüse etwa 20 Minuten weich garen. Anschließend Lorbeerblätter und Ingwer wieder entfernen.

3 Ein Viertel des Gemüses aus der Suppe nehmen und beiseitestellen. Die Suppe mit dem Stabmixer pürieren und die Sahne unterrühren. Mit der Gewürzmischung aus der Mühle und 1 Prise Muskatnuss würzen. Den Liebstöckel klein schneiden und mit dem beiseitegestellten Gemüse zur Suppe geben.

4 Für die Einlage die Pilze putzen, trocken abreiben und klein schneiden. Das Öl in einer Pfanne erhitzen und die Pilze darin unter Rühren anbraten. Mit Kümmel, Petersilie, Zitronenschale, Salz und Pfeffer würzen.

5 Das Brot in 2 bis 3 cm große Stücke schneiden. In einer Pfanne 1 bis 2 EL Rapsöl erhitzen und die Brotstücke darin bei mittlerer Hitze anrösten. Mit der Gewürzmischung aus der Mühle würzen und auf Küchenpapier abtropfen lassen.

6 Die Zwiebel schälen und in 1 cm große Blätter schneiden. Das restliche Öl in einer Pfanne erhitzen, die Zwiebelblätter darin bei milder Hitze hell dünsten und mit 1 Prise Chilisalz würzen. Die Suppe auf vorgewärmte tiefe Teller verteilen, die Pilze, die Brotchips und die Zwiebelblätter darin anrichten.

Pinzgauer Kasnocken
mit Bröselbutter

Zutaten für 4 Personen

Für die Kasnocken:

1 kleine Zwiebel · 1 EL Butter
200 g Pinzgauer Bierkäse
(am Stück; ersatzweise je 100 g
Bergkäse und Graukäse)
250 g Semmeln
(oder Weißbrot; vom Vortag)
200 ml Milch
3 Eier · 1 Eigelb
Salz · Pfeffer aus der Mühle
frisch geriebene Muskatnuss
1 EL Petersilie (grob geschnitten)
2 Lorbeerblätter

Für die Bröselbutter:
100 g Butter
50 g Weißbrotbrösel

1 Für die Kasnocken die Zwiebel schälen und in feine Würfel schneiden. Die Butter in einer Pfanne erhitzen und die Zwiebelwürfel darin glasig dünsten. Den Käse grob reiben bzw. in kleine Würfel schneiden.

2 Die Semmeln in möglichst dünne Scheiben schneiden. Die Milch einmal kurz aufkochen und vom Herd nehmen. Die Eier und das Eigelb verquirlen, mit der Milch und 100 g Käse mischen. Die Eier-Käse-Mischung mit Salz, Pfeffer und Muskatnuss würzen und über die Semmelscheiben gießen. Die Zwiebelwürfel und die Petersilie untermischen und die Masse zugedeckt 10 Minuten ziehen lassen. Dann die Nockenmasse mit dem restlichen Käse zu einer festen Masse verkneten.

3 Reichlich Salzwasser mit den Lorbeerblättern zum Kochen bringen. Aus der Käsemasse mit zwei angefeuchteten Esslöffeln Nocken formen und im Salzwasser knapp unter dem Siedepunkt 10 Minuten gar ziehen lassen.

4 Für die Bröselbutter die Butter in einer Pfanne erhitzen und die Weißbrotbrösel darin bei milder Hitze goldbraun braten. Die Kasnocken mit dem Schaumlöffel aus dem Wasser heben, abtropfen lassen und auf vorgewärmten Tellern anrichten. Mit der Bröselbutter beträufeln.

Schuhbecks Küchentipp

Man kann aus der Käsemasse auch Kaspressknödel bzw. Pflanzerl formen, in einer Pfanne in Butter auf beiden Seiten anbraten und in einer Rindersuppe (siehe z. B. Rezept S. 103) gar ziehen lassen.

Marinierte Rindfleischscheiben
mit Kürbiskernöl

Zutaten für 4 Personen

500 g gekochter Tafelspitz
(noch warm, in der Brühe)
4 Radieschen
1/2 TL Puderzucker
4 EL Weißweinessig
150 ml warme Tafelspitzbrühe
(ersatzweise Gemüsebrühe)
4–5 EL Sonnenblumenöl
Salz · Pfeffer aus der Mühle
Zucker · 2 Schalotten
einige Halme Schnittlauch
1–2 EL Kürbiskernöl

1 Den Tafelspitz aus der Brühe nehmen und in dünne Scheiben schneiden. Fächerförmig und leicht überlappend auf Tellern auslegen. Die Radieschen putzen, waschen und in Streifen schneiden oder hobeln.

2 Den Puderzucker in einem kleinen Topf hell karamellisieren. Mit dem Essig ablöschen und die Brühe angießen. Lauwarm abkühlen lassen und das Öl mit dem Stabmixer gut unterrühren. Die Marinade mit Salz, Pfeffer und 1 Prise Zucker würzen.

3 Die Schalotten schälen, in feine Würfel schneiden und in kochendem Salzwasser 1 bis 2 Minuten blanchieren. In ein Sieb abgießen, kalt abschrecken, abtropfen lassen und unter die Marinade rühren.

4 Den Schnittlauch waschen, trocken schütteln und in 1 cm lange Röllchen schneiden. Die Marinade über den Rindfleischscheiben verteilen, die Radieschenstreifen und Schnittlauchröllchen darüberstreuen. Mit dem Kürbiskernöl beträufeln.

Schuhbecks Küchentipp

Um den Tafelspitz zuzubereiten, brät man das Fleisch in 1 EL Öl rundum an und gießt dann so viel Wasser an, bis das Fleisch gut bedeckt ist. Etwas Salz und die Schalen von 1 kleinen Zwiebel dazugeben und das Fleisch bei milder Hitze etwa 1 Stunde mehr ziehen als köcheln lassen, dabei den aufsteigenden Schaum abschöpfen. Nach 30 Minuten Garzeit je 1 Karotte und Petersilienwurzel sowie 100 g Knollensellerie in Stücke schneiden und mit der grob zerkleinerten Zwiebel in die Brühe geben. 15 Minuten vor Ende der Garzeit 1 Lorbeerblatt, 3 Wacholderbeeren, einige schwarze Pfefferkörner und 1 Stiel Petersilie hinzufügen. Den Tafelspitz aus der Brühe nehmen und die Brühe durch ein feines Sieb gießen.

Pongauer Fleischkrapfen
mit Chili-Rahmkraut

1 Für das Chili-Rahmkraut die Zwiebel schälen und in feine Würfel schneiden. Das Öl in einem Topf erhitzen und die Zwiebelwürfel darin glasig dünsten. Das Sauerkraut dazugeben und kurz mitdünsten. Mit dem Wein ablöschen und diesen fast vollständig einköcheln lassen. 400 ml Wasser angießen, die Speckschwarte dazugeben und das Sauerkraut bei milder Hitze etwa 45 Minuten schmoren.

2 Die Pfeffer-, Koriander- und Pimentkörner, die leicht angedrückten Wacholderbeeren, die Senfkörner, 1 Prise Kümmel und das Lorbeerblatt in ein Gewürzsäckchen füllen (siehe Tipp S. 16), verschließen und nach 30 Minuten Garzeit zum Kraut geben.

3 Am Ende der Garzeit die Gewürze wieder entfernen. Die Sahne, das Apfelmus und die Butter unterrühren und das Sauerkraut mit Chilipulver, 1 Prise Zucker und nach Belieben mit Salz abschmecken.

4 Für die Fleischkrapfen die Zwiebel schälen und in feine Würfel schneiden. Den Speck und die Bratenreste in kleine Würfel schneiden. Das Öl in einer Pfanne erhitzen, die Zwiebel und den Speck darin bei mittlerer Hitze goldbraun braten. Die Bratenreste dazugeben und mitbraten. 1 EL Butter hinzufügen und zerlassen. Zuletzt die Petersilie untermischen und die Fleischmischung mit Salz, Pfeffer und 1 Prise Majoran würzen.

5 Die beiden Mehlsorten in eine Schüssel geben und mit je 1 Prise Kümmel und Salz würzen. Die Milch mit der restlichen Butter aufkochen, unter das Mehl rühren und alles zu einem glatten Teig verkneten. Der Teig kann sofort verwendet werden.

6 Den Teig auf der bemehlten Arbeitsfläche dünn ausrollen und Kreise (à etwa 7 cm Durchmesser) ausstechen oder Quadrate (à 6 bis 7 cm Seitenlänge) ausschneiden. Die Teigränder mit etwas Wasser einpinseln. Jeweils etwas Fleischmischung in die Teigmitte geben und die Teigkreise zu Halbmonden zusammenklappen bzw. die Ecken der Quadrate über der Füllung zusammenfalten. Die Teigenden gut andrücken.

7 Das Öl zum Ausbacken in einer tiefen Pfanne erhitzen und die Fleischkrapfen darin schwimmend goldbraun frittieren. Auf Küchenpapier abtropfen lassen und mit dem Chili-Rahmkraut anrichten.

Gefüllte Rinderroulade

mit Gemüse und Wammerl

Zutaten für 4 Personen

*4 dünne Scheiben Rindfleisch
(à ca. 160 g; aus der Oberschale)
150 g Kalbsbrät · 2 EL Sahne
frisch geriebene Muskatnuss
1/2 TL abgeriebene unbehandelte
Zitronenschale
1 EL Petersilie (frisch geschnitten)
ca. 4 TL scharfer Senf
2 Karotten · 170 g Knollensellerie
1 Gewürzgurke
1 Scheibe geräuchertes Wammerl
(ca. 1 cm dick)
1 Zwiebel · 1 EL Öl
1–2 EL Tomatenmark
150 ml trockener Rotwein
ca. 1/2 l Hühnerbrühe
je 1 TL Wacholderbeeren und
Pimentkörner
je 1/2 TL Koriander- und
Senfkörner · 1–2 Lorbeerblätter
2 Knoblauchzehen (in Scheiben)
4 Scheiben Ingwer
1/2 ausgekratzte Vanilleschote
1–2 TL Speisestärke
Salz · Pfeffer aus der Mühle*

1 Das Fleisch auf der Arbeitsfläche auslegen. Das Kalbsbrät mit der Sahne verrühren, mit Muskatnuss und Zitronenschale würzen und die Petersilie untermischen. Das Brät auf die Rouladen streichen und jeweils knapp 1 TL Senf darauf verteilen. Die Karotten und den Sellerie putzen und schälen. 1 Karotte und 50 g Sellerie ebenso wie die Gewürzgurke und das Wammerl in Stifte schneiden und quer auf den Fleischscheiben verteilen. Die Längsseiten der Rouladen etwas einschlagen und das Fleisch von der schmalen Seite her aufrollen. Mit Rouladennadeln feststecken.

2 Die Zwiebel schälen und ebenso wie die restliche Karotte und den übrigen Sellerie in 1/2 cm große Würfel schneiden. Die Rouladen in einer Pfanne im Öl rundum anbraten. Das Gemüse in einem Topf ohne Fett anrösten. Das Tomatenmark unterrühren und kurz mitrösten. Mit dem Wein ablöschen und einige Minuten sämig einköcheln lassen. Die Brühe angießen, die Rouladen in die Sauce legen und zugedeckt etwa 2 1/2 Stunden schmoren. Nach 2 Stunden Wacholderbeeren, Piment-, Koriander- und Senfkörner sowie Lorbeerblätter, Knoblauch, Ingwer und Vanilleschote hinzufügen.

3 Am Ende der Garzeit die Rouladen aus dem Topf nehmen. Die Sauce durch ein Sieb in einen Topf passieren, dabei das Gemüse etwas ausdrücken. Die Sauce aufkochen. Speisestärke mit wenig kaltem Wasser glatt rühren, nach und nach unter die köchelnde Sauce rühren. Mit Salz und Pfeffer würzen und die Rouladen in der Sauce nochmals kurz erhitzen. Aus der Sauce nehmen, die Nadeln entfernen und die Rouladen in Scheiben schneiden. Mit Sauce anrichten.

Schuhbecks Küchentipp

Dazu schmeckt ein Kartoffel-Wirsing-Püree: Dafür 1/4 Kopf Wirsing in Streifen schneiden, in Salzwasser blanchieren, kalt abschrecken und abtropfen lassen. 1 kg mehlig kochende Kartoffeln in Salzwasser mit 1/2 TL ganzem Kümmel garen, abgießen, noch heiß pellen und durch die Kartoffelpresse drücken. 1/4 l heiße Milch, 1 EL Butter und 2 EL braune Butter (siehe Tipp S. 34) unter den Kartoffelschnee rühren. Das Püree mit Chilisalz und Muskatnuss würzen und die Wirsingstreifen unterheben.

Geschmorte Lammschulter
in Rotwein-Gemüse-Sauce

Zutaten für 4 Personen

je 2 Zwiebeln und
kleine Karotten
150 g Knollensellerie
1/2 Fenchelknolle
1 Lammschulter (ca. 1 1/2 kg;
ohne Knochen)
2 EL Öl
1–2 TL Puderzucker
1 EL Tomatenmark
300 ml trockener Rotwein
1 l Hühnerbrühe
1 frisches Lorbeerblatt
2 Knoblauchzehen
(in Scheiben)
2 Scheiben Ingwer
1 Zweig Rosmarin
1 Streifen unbehandelte
Zitronenschale
Salz · Pfeffer aus der Mühle
Cayennepfeffer

1 Den Backofen auf 110 bis 120 °C vorheizen. Die Zwiebeln schälen, die Karotten und den Sellerie putzen und schälen. Die Zwiebeln in Spalten, die Karotten und den Sellerie in 1 cm breite und 3 cm lange Stifte schneiden. Den Fenchel putzen, waschen und in schmale Spalten schneiden.

2 Die Lammschulter mit Küchengarn in Form binden. Das Öl in einem Schmortopf oder Bräter erhitzen und die Lammschulter darin rundum anbraten. Das Fleisch herausnehmen und das Bratöl mit Küchenpapier entfernen.

3 Den Puderzucker auf den Bratensatz stäuben und bei milder Hitze hell karamellisieren. Das Tomatenmark unterrühren und kurz anrösten. Mit einem Drittel des Weins ablöschen und bei milder Hitze sämig einköcheln lassen. Den Vorgang mit dem restlichen Wein zweimal wiederholen. Die Brühe angießen, das Gemüse hinzufügen und die Lammschulter in den Topf legen. Das Fleisch im Ofen auf der mittleren Schiene 2 bis 2 1/2 Stunden rosa schmoren, dabei immer wieder mit dem Bratenfond begießen.

4 Die Lammschulter aus dem Topf nehmen. Die Sauce mit dem Lorbeerblatt bei starker Hitze noch etwas einkochen lassen und gegebenenfalls mit ein wenig mit kaltem Wasser glatt gerührter Speisestärke binden. Den Knoblauch, den Ingwer, den Rosmarin und die Zitronenschale einige Minuten in der Sauce ziehen lassen und wieder entfernen. Die Sauce mit Salz, Pfeffer und Cayennepfeffer abschmecken. Die Lammschulter in Scheiben schneiden und mit der Rotwein-Gemüse-Sauce servieren.

Schuhbecks Küchentipp

Auf die gleiche Weise kann man auch Zickleinschulter zubereiten.
Soll das rosa gebratene Fleisch noch etwas warm gehalten
werden, die Hitze einfach auf 70 °C reduzieren. Wer die Lamm-
schulter durchgebraten haben möchte, lässt sie 30 Minuten
länger im Backofen.

Tennengauer Bierfleisch
mit Pilzen und Speck

Zutaten für 4 Personen

1 kg Rinderschulter
2 große Zwiebeln
3 EL Öl
1 EL Tomatenmark
150 ml dunkles Bier
(oder Starkbier)
ca. 1 l Hühnerbrühe
2 Knoblauchzehen
je 1 TL ganzer Kümmel
und getrockneter Majoran
Salz · 1/2–1 TL abgeriebene
unbehandelte Zitronenschale
1 mehlig kochende Kartoffel
1/2–1 TL Paprikapulver
(edelsüß)
mildes Chilipulver
4 Scheiben Frühstücksspeck
150 g Semmelstoppelpilze
(ersatzweise Pfifferlinge
oder Steinpilze)
1 EL Butter
1 EL Petersilie
(frisch geschnitten)

1 Das Rindfleisch in 3 cm große Würfel schneiden. Die Zwiebeln schälen und in feine Würfel schneiden. In einem Schmortopf 2 EL Öl erhitzen, das Rindfleisch darin in zwei Portionen anbraten und wieder herausnehmen.

2 Die Zwiebeln im Bratensatz glasig dünsten. Das Tomatenmark unterrühren und kurz anrösten. Mit dem Bier ablöschen und etwas einköcheln lassen. Das Fleisch wieder hinzufügen und so viel Brühe angießen, dass das Fleisch gerade bedeckt ist. Den Deckel so auf den Schmortopf legen, dass noch ein Spalt frei bleibt, und das Fleisch knapp unter dem Siedepunkt 3 bis 3 1/2 Stunden schmoren, bis es weich ist. Nach 2 Stunden den Deckel abnehmen.

3 Für das Gulaschgewürz den Knoblauch schälen und mit dem Kümmel und dem Majoran hacken. Mit Salz mischen und mit dem Messerrücken zerdrücken, dann die Zitronenschale untermischen.

4 Am Ende der Garzeit des Fleischs die Kartoffel schälen, waschen und auf einer sehr feinen Reibe in das Gulasch reiben. Das Paprikapulver mit wenig Wasser und 1 TL Öl glatt rühren und mit dem Gulaschgewürz unter das Biergulasch mischen. Noch 5 bis 10 Minuten ziehen lassen, mit Salz und 1 Prise Chilipulver abschmecken.

5 Das restliche Öl in einer Pfanne erhitzen und die Speckscheiben darin bei milder Hitze auf beiden Seiten kross braten. Auf Küchenpapier abtropfen lassen.

6 Die Pilze putzen, trocken abreiben und etwas zerkleinern. Die Butter in einer Pfanne erhitzen und die Pilze darin bei milder Hitze anbraten. Mit Salz würzen und die Petersilie untermischen. Das Biergulasch in vorgewärmten tiefen Tellern anrichten und mit dem Speck und den Pilzen garnieren. Dazu passen mit Petersilie bestreute Bandnudeln.

Grießknödel
mit Zimtbröseln

Zutaten für 4 Personen
Für die Grießknödel:
1/2 l Milch · Salz
2 EL Zucker
2 EL Vanillezucker
125 g Butter
150 g Hartweizengrieß · 2 Eier

Für den Kochsud:
2 EL Salz · 80 g Zucker
1 ausgekratzte Vanilleschote
2 Scheiben Ingwer
1/2 Zimtrinde
je 2 Streifen unbehandelte
Zitronen- und Orangenschale

Für die Zimtbrösel:
80 g Weißbrotbrösel
80 g Butter · 2 EL Zucker
1/2 TL Zimtpulver

1 Für die Grießknödel die Milch mit 1 Prise Salz, dem Zucker, dem Vanillezucker und der Butter aufkochen. Wenn die Butter geschmolzen ist, den Grieß unterrühren und unter ständigem Rühren etwa 2 Minuten köcheln lassen, bis ein dicklicher Brei entsteht. Vom Herd nehmen, die Eier einzeln unterrühren und die Masse in eine Schüssel umfüllen. Ein Stück Backpapier direkt auf die Oberfläche legen und die Grießmasse auskühlen lassen.

2 Für den Kochsud in einem Topf 3 l Wasser mit dem Salz und dem Zucker aufkochen. Die Vanilleschote, den Ingwer, den Zimt und die Zitrusschalen dazugeben. Aus der Grießmasse mit angefeuchteten Händen 12 gleich große Knödel drehen und die Knödel im Kochsud knapp unter dem Siedepunkt etwa 12 Minuten mehr ziehen als köcheln lassen.

3 Inzwischen für die Zimtbrösel die Weißbrotbrösel mit der Butter in einer Pfanne bei milder Hitze goldbraun rösten. Die Brösel mit Zucker und Zimt mischen und auf einen Teller geben. Die Grießknödel mit dem Schaumlöffel aus dem Kochsud heben, auf Küchenpapier abtropfen lassen und in den Zimtbröseln wälzen.

Schuhbecks Küchentipp

Anstelle von Zimtpulver können Sie zum Aromatisieren der Butterbrösel auch andere Gewürze, wie beispielsweise Lebkuchengewürz, verwenden.

Topfenknödel
mit Johannisbeeren

Zutaten für 4 Personen

Für die Topfenknödel:

350 g Speisequark (Topfen)
100 g Toastbrot
2 1/2 EL weiche Butter
2 EL Puderzucker
1 Msp. Vanillemark
1 Msp. abgeriebene unbe-
handelte Zitronenschale
Salz · 1 Ei · 1 Eigelb

Für den Kochsud:

2 EL Salz · 80 g Zucker
1 ausgekratzte Vanilleschote
2 Scheiben Ingwer
1/2 Zimtrinde
je 2 Streifen unbehandelte
Zitronen- und Orangenschale

Für die Johannisbeeren:

150 g Rote Johannisbeeren
1 EL Butter
1 EL Puderzucker
1 Streifen unbehandelte
Orangenschale

Außerdem:

1 Rezept Zimtbrösel
(siehe S. 128)

1 Für die Topfenknödel den Quark in ein nasses Küchentuch geben und so viel Flüssigkeit ausdrücken, dass etwa 200 g Quark übrig bleiben. Das Toastbrot entrinden und im Blitzhacker zu feinen Bröseln mahlen.

2 Die Butter mit dem Puderzucker, dem Vanillemark, der Zitronenschale und 1 Prise Salz cremig rühren. Das Eigelb und das Ei unterrühren. Den Quark und die Toastbrotbrösel hinzufügen und alles zu einer glatten Masse verarbeiten. Die Topfenmasse zugedeckt im Kühlschrank 30 Minuten ruhen lassen.

3 Für den Kochsud in einem Topf 3 l Wasser mit dem Salz und dem Zucker aufkochen. Die Vanilleschote, den Ingwer, den Zimt und die Zitrusschalen dazugeben. Aus der Topfenmasse mit angefeuchteten Händen 8 gleich große Knödel drehen und die Knödel im Kochsud knapp unter dem Siedepunkt etwa 12 Minuten mehr ziehen als köcheln lassen.

4 Inzwischen für die Johannisbeeren die Früchte von den Stielen zupfen, verlesen, waschen und abtropfen lassen. Die Butter in einer Pfanne erhitzen und den Puderzucker daraufstäuben. Die Johannisbeeren mit der Orangenschale kurz darin erhitzen.

5 Die Topfenknödel mit dem Schaumlöffel aus dem Kochsud heben, auf Küchenpapier abtropfen lassen und in den Zimtbröseln wälzen. Mit den Johannisbeeren auf Tellern anrichten.

Schuhbecks Küchentipp

Zu den Topfenknödeln passt auch ein Aprikosenröster: Dafür 1 kg Aprikosen waschen, halbieren, entsteinen und die Hälften nochmals halbieren. Mit 150 g Zucker, dem Saft von 1 Zitrone, 1 Zimtrinde und 1/2 Vanilleschote mischen, auf einem Backblech verteilen und zugedeckt 30 Minuten ziehen lassen. Dann die Aprikosen im auf 180 °C vorgeheizten Ofen 12 bis 15 Minuten weich garen, dabei öfter durchrühren. Den Aprikosenröster aus dem Ofen nehmen und lauwarm abkühlen lassen. Den Zimt und die Vanilleschote entfernen.

Marillenknödel
mit Marillenschnaps

Zutaten für 4 Personen
Für die Marillenknödel:

500 g mehlig kochende
Kartoffeln · Salz
50 g Speisestärke
50 g doppelgriffiges Mehl
50 g Hartweizengrieß · 1 Ei
4 EL flüssige braune Butter
(siehe Tipp S. 34)
abgeriebene Schale von
1 unbehandelten Zitrone
Mark von 1/2 Vanilleschote
Salz
12 kleine Aprikosen
(Marillen)
12 Stück Würfelzucker
Marillenschnaps
zum Beträufeln

Für den Kochsud:

2 EL Salz · 80 g Zucker
1 ausgekratzte Vanilleschote
2 Scheiben Ingwer
1/2 Zimtrinde
je 2 Streifen unbehandelte
Zitronen- und Orangenschale

Außerdem:
1 Rezept Zimtbrösel
(siehe S. 128)
Puderzucker zum Bestäuben

1 Für die Marillenknödel die Kartoffeln in kochendem Salzwasser weich garen, abgießen, noch heiß pellen und durch die Kartoffelpresse drücken. Den Kartoffelschnee auf einem großen Teller oder einem Tablett ausbreiten, ausdampfen lassen und zugedeckt mehrere Stunden oder über Nacht kühl stellen.

2 Den ausgekühlten Kartoffelschnee mit der Speisestärke, dem Mehl, dem Grieß, dem Ei, der braunen Butter, der Zitronenschale, dem Vanillemark und 1 Prise Salz zu einem glatten Teig verkneten.

3 Die Aprikosen waschen, halb aufschneiden und entsteinen. In jede Frucht statt des Steins 1 Stück Würfelzucker geben und auf jedes Zuckerstückchen einige Tropfen Marillenschnaps träufeln.

4 Den Kartoffelteig in 12 gleich große Portionen teilen und leicht flach drücken. In die Mitte jeder Teigscheibe 1 Aprikose geben, mit Teig umhüllen und mit angefeuchteten Händen zu glatten Knödeln drehen.

5 Für den Kochsud in einem Topf 3 l Wasser mit dem Salz und dem Zucker aufkochen. Die Vanilleschote, den Ingwer, den Zimt und die Zitrusschalen dazugeben. Die Marillenknödel darin knapp unter dem Siedepunkt etwa 15 Minuten mehr ziehen als köcheln lassen. Mit dem Schaumlöffel herausheben, auf Küchenpapier abtropfen lassen, in den Zimtbröseln wälzen und mit Puderzucker bestäuben.

Schuhbecks Küchentipp

Sie können die Knödel statt mit Aprikosen auch mit Zwetschgen füllen. Dafür die Zwetschgen, wie oben beschrieben, entsteinen und mit je 1 Stück Würfelzucker füllen. Dann jeweils mit einigen Tropfen Zwetschgenwasser beträufeln.

Kaiserschmarren
mit Marillenragout

Zutaten für 4 Personen

Für das Marillenragout:

2 Zacken Sternanis
je 1 TL Pimentkörner, Zimt-
splitter, Korianderkörner und
Kardamomsamen
400 g Aprikosen (Marillen;
ersatzweise Äpfel oder Birnen)
1 EL Butter
2 EL Puderzucker
2 Scheiben Ingwer
Mark von 1/2 Vanilleschote
1 Msp. abgeriebene unbe-
handelte Orangenschale
1 TL Marillenschnaps

Für den Kaiserschmarren:

120 g Mehl
1/4 l Milch · 4 Eier
Mark von 1 Vanilleschote
1 Msp. abgeriebene unbe-
handelte Zitronenschale
1 EL Rum · Salz
60 g Zucker · 4 EL Butter
3 EL Rumrosinen

1 Für das Marillenragout Sternanis, Piment, Zimt, Koriander und Kardamom in eine Gewürzmühle füllen. Die Aprikosen waschen, halbieren, entsteinen und in Spalten schneiden.

2 Die Butter und den Puderzucker in einer Pfanne erhitzen, die Aprikosen mit dem Ingwer und dem Vanillemark darin bei mittlerer Hitze anbraten. Mit den Gewürzen aus der Mühle würzen. Die Orangenschale und den Marillenschnaps dazugeben und nach Belieben noch etwas Puderzucker hinzufügen. Das Marillenragout warm halten.

3 Für den Kaiserschmarren den Backofengrill einschalten. Das Mehl mit der Milch glatt rühren. Die Eier trennen. Eigelbe, Vanillemark, Zitronenschale, Rum und 1 Prise Salz unterrühren. Die Eiweiße mit der Hälfte des Zuckers und 1 Prise Salz zu einem cremigen, festen Schnee schlagen und unter die Eigelbmasse heben.

4 In zwei kleineren ofenfesten Pfannen (24 bis 26 cm Durchmesser) jeweils 1 EL Butter erhitzen. Den Teig in den Pfannen verteilen und auf der Unterseite bei milder Hitze etwa 2 Minuten hell bräunen. Die Rumrosinen darüberstreuen und darauf achten, dass sie mit Teig bedeckt sind. Vom Herd ziehen und die Kaiserschmarren in den Pfannen nacheinander unter dem Backofengrill auf der untersten Schiene 3 Minuten goldbraun backen.

5 Die Kaiserschmarren mit zwei Gabeln in mundgerechte Stücke zerteilen. Die restliche Butter mit dem übrigen Zucker hinzufügen und die Kaiserschmarren in den Pfannen unter Rühren auf dem Herd noch etwas nachbraten.

6 Den Kaiserschmarren auf vorgewärmten Tellern mit dem Marillenragout anrichten, nach Belieben mit gehackten Walnüssen bestreuen.

Salzburger Nockerln
mit Preiselbeeren

Zutaten für 4–6 Personen

Butter für die Form
6 Eiweiß
40 g Zucker
Salz
4 Eigelb
3 EL Mehl
150–200 g Preiselbeeren
(aus dem Glas)
Puderzucker zum Bestäuben

1 Den Backofen auf 200°C vorheizen. Eine mittelgroße ofenfeste Form mit Butter einfetten. Die Eiweiße mit dem Zucker und 1 Prise Salz in eine Schüssel geben und mit den Quirlen des Handrührgeräts cremig steif schlagen, der Eischnee sollte glänzen.

2 Die Eigelbe hinzufügen und locker mit dem Teigschaber oder einem Kochlöffel unter den Eischnee heben. Das Mehl auf die Masse sieben und ebenfalls unterheben, bis eine luftige, homogene Masse entsteht.

3 Die Preiselbeeren in der Form verteilen. Die Eischneemasse mit einer Teigkarte in 3 Portionen nebeneinander in die Form setzen und jeweils Spitzen ziehen.

4 Die Nockerln im Ofen auf der mittleren Schiene 18 bis 20 Minuten goldbraun backen, sie sollten innen noch etwas cremig sein. Herausnehmen, durch ein Sieb mit Puderzucker bestäuben und sofort servieren.

Schuhbecks Küchentipp

Damit der Eischnee schön steif wird, sollten Sie unbedingt darauf achten, gründlich gereinigte und fettfreie Geräte (wie Rührschüssel und Quirle) zu verwenden. Das Eiweiß muss außerdem sehr sauber vom Eigelb getrennt werden, denn das im Eidotter enthaltene Fett verhindert, dass sich das Eiweiß zu Schnee schlagen lässt. Statt der Preiselbeeren können Sie auch Obstsorten der Saison als »Unterlage« verwenden, z.B. Pfirsich- oder Aprikosenspalten, entsteinte Kirschen, Birnenstücke oder auch kleine Erdbeeren.

Südtirol

Kastaniensuppe

mit gerösteten Vinschgerlwürfeln

Zutaten für 4 Personen

Für die Kastaniensuppe:

500 g Esskastanien (Maronen)

1/2 Zwiebel

70 g Knollensellerie

1 TL Puderzucker

4 EL kalte Butter

3 TL Kirschwasser

800 ml Hühnerbrühe

200 g Sahne

Salz · Chilipulver

frisch geriebene Muskatnuss

1 Msp. abgeriebene unbe-
handelte Orangenschale

Für die Vinschgerlwürfel:

je 1 EL ganzer Kümmel
und Korianderkörner

1 Vinschgerl

1 TL Butter

getrocknetes Bohnenkraut

Salz

Zum Anrichten:

60 g Südtiroler Speck
(in Scheiben)

1 Für die Kastaniensuppe den Backofen auf 200 °C vorheizen. Die Schale der Kastanien an der gewölbten Seite mit einem scharfen Küchenmesser kreuzweise einschneiden. Die Kastanien auf ein Backblech geben und im Ofen auf der mittleren Schiene 10 bis 15 Minuten garen, bis sich die Schalen öffnen. Herausnehmen und leicht abkühlen lassen.

2 Die noch warmen Kastanien aus der Schale brechen, dabei die dünnere Schale, die direkt auf dem Fruchtkern liegt, ebenfalls entfernen. Die Zwiebel und den Sellerie schälen und in feine Würfel schneiden.

3 Den Puderzucker in einem Topf bei mittlerer Hitze hell karamellisieren. 1 EL Butter hinzufügen und die Kastanien darin andünsten. Die Zwiebel- und Selleriewürfel dazugeben und kurz mitdünsten. Mit 1 bis 2 TL Kirschwasser ablöschen und die Brühe angießen. Die Suppe knapp unter dem Siedepunkt etwa 15 Minuten ziehen lassen, bis die Kastanien weich sind.

4 Die Sahne hinzufügen und die Suppe mit Salz, Chilipulver, Muskatnuss und Orangenschale würzen. Die restliche kalte Butter dazugeben und die Suppe mit dem Stabmixer fein pürieren. Die Suppe mit dem übrigen Kirschwasser verfeinern und nach Belieben nochmals mit Salz und Chilipulver abschmecken.

5 Für die Vinschgerlwürfel den Kümmel und den Koriander in eine Gewürzmühle füllen. Das Vinschgerl in kleine Würfel schneiden. Die Butter in einer Pfanne erhitzen und die Vinschgerlwürfel darin bei milder Hitze rundum knusprig braten. Mit den Gewürzen aus der Mühle, 1 Prise Bohnenkraut sowie Salz würzen und auf Küchenpapier abtropfen lassen.

6 Den Speck in Streifen schneiden. Die Suppe nochmals mit dem Stabmixer aufschäumen, auf vorgewärmte tiefe Teller verteilen und mit dem Speck und den Vinschgerlwürfeln bestreuen. Nach Belieben mit Rosmarin und abgeriebener Orangenschale garnieren.

Weißer Spargel
mit Bozener Sauce

Zutaten für 4 Personen

Für den Spargel:

20 Stangen weißer Spargel
1–2 EL Salz · 1 EL Zucker
50 g braune Butter
(siehe Tipp S. 34)

Für die Bozener Sauce:

2 Eier
1/2–1 TL scharfer Senf
1 TL Weißweinessig
2 EL heiße Gemüsebrühe
Salz · Pfeffer aus der Mühle
1/4 l Sonnenblumenöl
je 1 EL Schnittlauchröllchen
und Petersilie (frisch geschnitten)
1/2–1 TL Estragon
(frisch geschnitten)
mildes Chilipulver

1 Für den Spargel die Spargelstangen schälen und die holzigen Enden entfernen. In einem breiten Topf 2 l Wasser zum Kochen bringen. Das Salz und den Zucker hinzufügen. Die Spargelstangen darin je nach Dicke 10 bis 12 Minuten garen.

2 Inzwischen die braune Butter in einer großen Pfanne bei milder Hitze zerlassen. Den Spargel aus dem Sud nehmen, kurz abtropfen lassen und in der braunen Butter wenden.

3 Für die Bozener Sauce die Eier 8 Minuten fast hart kochen, kalt abschrecken und pellen. Die Dotter auslösen und durch ein Sieb streichen, die Eiweiße klein hacken.

4 Die Eigelbe mit dem Senf, dem Essig, der Brühe, Salz und Pfeffer verrühren. Nach und nach das Öl langsam unter kräftigem Rühren hinzufügen. Die gehackten Eiweiße und die Kräuter untermischen. Die Sauce mit Salz und Chilipulver abschmecken.

5 Den Spargel auf einer vorgewärmten Platte anrichten und die Bozener Sauce dazu servieren. Dazu passen neue Kartoffeln.

Schuhbecks Küchentipp

Nach Belieben können Sie die Spargelstangen zum Servieren noch mit geriebenem Parmesan bestreuen.
Die Bozener Sauce eignet sich auch als Dip für gebackenes oder gegartes Gemüse und zum Beträufeln von Sandwiches. Man kann sie zusätzlich mit blanchierten Gemüsewürfeln verfeinern.

Speckknödel
auf grünem Spargel mit Steinpilzen

Zutaten für 4 Personen

Für die Speckknödel:

*300 g Semmeln (oder Weiß-
brot; vom Vortag)*

*100 g Südtiroler Speck
(am Stück)*

1/2 Zwiebel · 1 EL Öl

200 ml Milch

3 Eier

Salz · Pfeffer aus der Mühle

frisch geriebene Muskatnuss

*1 EL Petersilie
(frisch geschnitten)*

*Für den Spargel und
die Steinpilze:*

400 g grüner Spargel

Salz · 400 g Steinpilze

1/2 Zwiebel · 2 EL Öl

100 ml Gemüsebrühe

100 g Sahne

1 Knoblauchzehe (halbiert)

1 Zweig Thymian

gemahlener Kümmel

*1/2 TL abgeriebene unbehan-
delte Zitronenschale*

mildes Chilisalz

*1 EL Petersilie
(frisch geschnitten)*

1 Für die Speckknödel die Semmeln in dünne Scheiben schneiden. Den Speck in kleine Würfel schneiden und mit den Semmeln mischen. Die Zwiebel schälen und in feine Würfel schneiden. Das Öl in einer Pfanne erhitzen und die Zwiebelwürfel darin bei milder Hitze glasig dünsten.

2 Die Milch einmal aufkochen, vom Herd nehmen und mit den Eiern verrühren. Die Eiermilch mit Salz, Pfeffer und Muskatnuss würzen, über die Speck-Semmel-Mischung gießen und zugedeckt einige Minuten ziehen lassen. Die Petersilie und die Zwiebelwürfel hinzufügen und alles zu einer glatten Masse verkneten.

3 Aus der Knödelmasse mit angefeuchteten Händen 8 Knödel formen. Die Knödel in reichlich siedendes Salzwasser geben und 15 bis 20 Minuten gar ziehen lassen.

4 Inzwischen den Spargel waschen, nur im unteren Drittel schälen und die holzigen Enden entfernen. Die Spargelstangen längs halbieren und schräg in 3 bis 4 cm lange Stücke schneiden. Den Spargel in kochendem Salzwasser bissfest garen, kalt abschrecken und auf einem Sieb abtropfen lassen.

5 Die Steinpilze putzen, trocken abreiben und in 1/2 cm dicke Scheiben schneiden. Die Zwiebel schälen und in feine Würfel schneiden. In einem kleinen Topf 1 EL Öl erhitzen und die Zwiebelwürfel darin glasig dünsten. Die Brühe und die Sahne hinzufügen und etwas einköcheln lassen. Den Knoblauch und den Thymian dazugeben, einige Minuten in der Sauce ziehen lassen und wieder entfernen.

6 Das restliche Öl in einer Pfanne erhitzen und die Steinpilze darin einige Minuten anbraten. Mit 1 Prise Kümmel, der Zitronenschale und Chilisalz würzen und die Petersilie untermischen.

7 Den Spargel und die Steinpilze in die Sauce geben. Das Gemüse samt Sauce in vorgewärmten tiefen Tellern anrichten und nach Belieben etwas Zitronenschale darüberreiben. Je 2 Speckknödel daraufsetzen.

Schlutzkrapfen
mit Spinat-Ricotta-Füllung

Zutaten für 4 Personen

Für den Nudelteig:

je 100 g Weizen-
und Roggenmehl
2 große Eier
1 EL Olivenöl · Salz

Für die Spinat-Ricotta-Füllung:

350 g Wurzelspinat
Salz · 1/2 Zwiebel
1 EL braune Butter
(siehe Tipp S. 34)
150 g Ricotta
40 g geriebener Parmesan
mildes Chilipulver
1 Msp. abgeriebene unbehandelte Zitronenschale
frisch geriebene Muskatnuss

Außerdem:

Mehl zum Ausrollen
1 verquirltes Ei · Salz
2 getrocknete rote Chilischoten
2 Lorbeerblätter
1 Knoblauchzehe
100 g braune Butter
1/2 Vanilleschote
mildes Chilisalz
1 EL Schnittlauchröllchen
1 EL geriebener Parmesan
Pfeffer aus der Mühle

1 Für den Nudelteig beide Mehlsorten, die Eier, das Olivenöl und 1 Prise Salz zu einem festen, glatten Teig verkneten. Den Teig in Frischhaltefolie wickeln und im Kühlschrank etwa 30 Minuten ruhen lassen.

2 Für die Spinat-Ricotta-Füllung den Spinat verlesen, waschen und trocken schleudern, grobe Stiele entfernen. Den Spinat in kochendem Salzwasser kurz blanchieren. In ein Sieb abgießen, kalt abschrecken und abtropfen lassen. Die Spinatblätter mit den Händen gut ausdrücken und hacken.

3 Die Zwiebel schälen und in feine Würfel schneiden. Die braune Butter in einer Pfanne erhitzen und die Zwiebelwürfel darin bei milder Hitze glasig dünsten. Den Spinat mit dem Ricotta, dem Parmesan und den Zwiebelwürfeln verrühren. Die Masse mit Salz, 1 Prise Chilipulver, Zitronenschale und Muskatnuss abschmecken.

4 Den Nudelteig mithilfe der Nudelmaschine oder mit dem Nudelholz dünn zu etwa 6 cm breiten Teigbahnen ausrollen, dabei mit etwas Mehl bestäuben. Die Teigbahnen dünn mit dem verquirlten Ei bestreichen. Mit einem Teelöffel im Abstand von 3 bis 4 cm etwas Füllung in die Mitte der Teigbahnen setzen. Die Teigbahnen längs über die Füllung legen und mit den Fingern um die Füllung herum andrücken. Mit einem runden Ausstecher (5 cm Durchmesser) halbmondförmige Taschen ausstechen und die Ränder ohne Luftblasen verschließen.

5 In einem Topf reichlich Wasser aufkochen, salzen, die Chilischoten und die Lorbeerblätter dazugeben. Die Schlutzkrapfen im kochenden Salzwasser 2 Minuten bissfest garen, mit dem Schaumlöffel herausheben und abtropfen lassen.

6 Den Knoblauch schälen und in Scheiben schneiden. Die braune Butter mit dem Knoblauch und der Vanilleschote zerlassen und mit Chilisalz würzen. Die Schlutzkrapfen in der braunen Butter schwenken und nach Belieben mit Chilisalz würzen. Die Schlutzkrapfen auf vorgewärmten Tellern anrichten, mit dem Schnittlauch und dem Parmesan bestreuen und Pfeffer grob darübermahlen.

Bozener Herrengröstl

mit Kalbsfilet und Artischocken

Zutaten für 4 Personen

300 g kleine festkochende
Kartoffeln
Salz · 1 TL ganzer Kümmel
2 mittelgroße Artischocken
etwas Zitronensaft
je 3 Stangen weißer und
grüner Spargel
1 Bund Minikarotten
120 g kleine Kräutersaitlinge
(oder Steinpilze)
150 g breite grüne Bohnen
120 g Cocktailtomaten
3–4 EL Olivenöl
1 Zweig Thymian
1 Knoblauchzehe (halbiert)
1 TL Puderzucker
220 ml Gemüsebrühe
Pfeffer aus der Mühle
3 EL kalte Butter
1 EL Petersilie
(frisch geschnitten)
mildes Chilisalz
frisch geriebene Muskatnuss
400 g Kalbsfilet
1 EL Cognac
50 ml Südtiroler Weißwein
(z. B. Weißburgunder)
100 g Sahne
1–2 EL scharfer Senf
4 Wachteleier

1 Die Kartoffeln waschen und in kochendem Salzwasser mit dem Kümmel weich garen. Abgießen, ausdampfen lassen, pellen, etwas abkühlen lassen und halbieren.

2 Von den Artischocken die holzigen Blätter entfernen. Das Heu mithilfe eines Kugelausstechers auslösen. Die Artischockenböden bis zur Verarbeitung in Zitronenwasser legen. Den weißen Spargel schälen, den grünen Spargel waschen und nur im unteren Drittel schälen. Jeweils die holzigen Enden entfernen. Die Spargelstangen längs halbieren und schräg in etwa 3 cm lange Stücke schneiden. Von den kleinen Karotten das Grün entfernen, die Karotten schälen und längs halbieren. Die Pilze putzen, trocken abreiben und halbieren. Die Bohnen putzen, waschen und schräg in etwa 1 1/2 cm breite Stücke schneiden. In kochendem Salzwasser fast weich garen, in ein Sieb abgießen, kalt abschrecken und abtropfen lassen. Die Cocktailtomaten waschen und halbieren.

3 Die Artischockenböden in Scheiben schneiden und in einer Pfanne in 1 EL Olivenöl bei mittlerer Hitze anbraten. Thymian und Knoblauch dazugeben. Puderzucker in einer zweiten Pfanne hell karamellisieren, den Spargel und die Karotten darin andünsten. Mit 70 ml Brühe ablöschen und knapp unter dem Siedepunkt einige Minuten köcheln lassen, bis die Flüssigkeit fast vollständig verdampft ist. Die Kartoffeln in einer weiteren Pfanne in 1 EL Olivenöl anbraten und mit Salz und Pfeffer würzen. Mit den Bohnen, Tomaten und Artischocken in die Spargelpfanne geben, 1 EL Butter und die Petersilie hinzufügen. Das Gemüse mit Chilisalz und Muskatnuss würzen.

4 Das Kalbsfilet von Fett und Sehnen befreien, in etwa 1 1/2 cm große Würfel schneiden und in einer Pfanne im restlichen Olivenöl anbraten. Die Pilze einige Minuten mitbraten, beides aus der Pfanne nehmen. Den Bratensatz mit Cognac und Wein ablöschen. Die restliche Brühe angießen, die Sahne hinzufügen und einköcheln lassen. Die Sauce mit Senf und 1 EL Butter verfeinern, die Fleischmischung wieder dazugeben, nochmals erwärmen und mit Chilisalz würzen.

5 Die restliche Butter in einer Pfanne erhitzen, salzen und die Wachteleier darin bei milder Hitze zu Spiegeleiern braten. Das Gemüse und die Fleisch-Pilz-Mischung auf vorgewärmten Tellern anrichten und je 1 Wachtelspiegelei darauflegen. Mit Pfeffer würzen.

Südtiroler Bauernbratl
mit Schmorgemüse und Kartoffeln

Zutaten für 4 Personen

*3 große weiße Zwiebeln
(oder entsprechend
viel Schalotten)
1 Karotte
150 g Knollensellerie
1–2 EL Öl
1 1/2 kg Schweinehals
600 g kleine festkochende
Kartoffeln
1 TL Puderzucker
1 EL Tomatenmark
200 ml Südtiroler Rotwein
(z. B. Lagrein)
1 l Hühnerbrühe
1 kleines Lorbeerblatt
2 Knoblauchzehen (halbiert)
1 Scheibe Ingwer
je 1/2 TL getrockneter
Majoran und ganzer Kümmel
1 Streifen unbehandelte
Zitronenschale
Salz · Pfeffer aus der Mühle*

1 Den Backofen auf 160 °C vorheizen. Die Zwiebeln schälen, die Karotte und den Sellerie putzen und schälen. Das Gemüse in 1 1/2 bis 2 cm große Würfel schneiden.

2 Das Öl in einer Pfanne erhitzen, das Fleisch darin rundum anbraten und herausnehmen. Das Gemüse in die Pfanne geben und im Bratensatz leicht andünsten. Die Kartoffeln schälen, waschen und je nach Größe halbieren oder vierteln.

3 Den Puderzucker in einem Schmortopf bei mittlerer Hitze hell karamellisieren. Das Tomatenmark unterrühren und kurz anrösten. Mit der Hälfte des Weins ablöschen und sämig einköcheln lassen. Den restlichen Wein dazugeben und ebenfalls einköcheln lassen. Das Gemüse, die Kartoffeln und die Brühe dazugeben und den Schweinebraten daraufsetzen. Das Fleisch im Ofen auf der mittleren Schiene etwa 3 Stunden garen, zwischendurch mehrmals wenden.

4 Das Fleisch aus dem Schmortopf nehmen und warm halten. Die Sauce durch ein Sieb in einen Topf gießen, dabei das Gemüse und die Kartoffeln auffangen und in einem Topf beiseitestellen. Die Sauce nach Belieben entfetten, das Lorbeerblatt dazugeben und die Sauce noch etwas einköcheln lassen.

5 Den Knoblauch, den Ingwer, den Majoran, den Kümmel und die Zitronenschale unter die Sauce rühren und 5 bis 10 Minuten darin ziehen lassen. Dann die Sauce durch ein Sieb zurück zum Gemüse gießen. Nochmals erhitzen und mit Salz und Pfeffer abschmecken. Den Schweinebraten in Scheiben schneiden und mit dem Schmorgemüse, den Kartoffeln und der Bratensauce anrichten.

Schuhbecks Küchentipp

Statt mit Majoran können Sie das Bauernbratl auch mit Thymian oder Rosmarin würzen. Den Schweinehals kann man durch Schweinebauch oder -schulter (mit Schwarte) ersetzen. Damit der Braten eine schöne Kruste bekommt, sollten Sie gegen Ende der Garzeit die Temperatur auf 220 bis 230 °C (Oberhitze) erhöhen und die Schwarte mit Salzwasser bestreichen.

Hirschschulter

im Gewürzsud geschmort

Zutaten für 4 Personen

je 1 Zwiebel und
kleine Karotte
120 g Knollensellerie
2 EL Öl
1,4 kg Hirschschulter
1–2 TL Puderzucker
1 EL Tomatenmark
300 ml trockener Rotwein
300 ml Hühnerbrühe
1 Lorbeerblatt
5 Wacholderbeeren
je 1 TL Piment- und
schwarze Pfefferkörner
1 TL Speisestärke
1 Zweig Thymian
je 1 Streifen unbehandelte
Zitronen- und Orangenschale
1 Knoblauchzehe (halbiert)
1 EL getrocknete
Champignons
1 EL kalte Butter
Salz · Pfeffer aus der Mühle

1 Die Zwiebel schälen, die Karotte und den Sellerie putzen und schälen. Das Gemüse in etwa 1 cm große Würfel schneiden. In einer Pfanne 1 EL Öl erhitzen und das Gemüse darin andünsten.

2 Das restliche Öl in einem Schmortopf erhitzen, das Fleisch darin bei mittlerer Hitze rundum sanft anbraten und wieder aus dem Topf nehmen. Den Puderzucker hineinstäuben und hell karamellisieren. Das Tomatenmark unterrühren und kurz anrösten. Mit einem Drittel des Weins ablöschen und sämig einköcheln lassen. Den restlichen Wein in 2 Portionen dazugeben und jeweils einköcheln lassen.

3 Dann das Gemüse dazugeben, die Brühe angießen und den Hirschbraten auf das Gemüse legen. Den Deckel so auf den Schmortopf legen, dass ein Spalt offen bleibt. Das Hirschfleisch knapp unter dem Siedepunkt etwa 2 1/2 Stunden schmoren, zwischendurch mehrmals wenden.

4 Den Braten aus der Sauce nehmen und warm halten. Die Sauce durch ein Sieb gießen, dabei das Gemüse gut ausdrücken. Das Lorbeerblatt, die Wacholderbeeren sowie die Piment- und Pfefferkörner in die Sauce geben und die Sauce auf zwei Drittel einköcheln lassen. Die Speisestärke mit wenig kaltem Wasser glatt rühren, unter die Sauce rühren und 2 Minuten köcheln lassen.

5 Den Thymian, die Zitrusschalen, den Knoblauch und die getrockneten Champignons in die Sauce geben und einige Minuten darin ziehen lassen. Die Sauce durch ein Sieb passieren und die kalte Butter unterrühren, mit Salz und Pfeffer würzen. Den Hirschbraten in Scheiben schneiden, zurück in die Sauce legen und erwärmen.

Schuhbecks Küchentipp

Als Beilage passen Blaukraut und Semmelknödel, Selleriepüree oder Rosenkohl-Maronen-Gemüse.

Mohnstrudel
mit Äpfeln

Zutaten für 8–10 Personen

Für den Hefeteig:

¹⁄₈ l Milch

¹⁄₂ Würfel Hefe (21 g)

300 g Mehl · 50 g Zucker

2 Eigelb

1 EL Mandellikör

(z. B. Amaretto)

Salz · 1 Msp. Vanillemark

*1 Msp. abgeriebene unbehan-
delte Zitronenschale*

50 g weiche Butter

Für die Füllung:

4 Äpfel (ca. 500 g;

z. B. Braeburn)

200 g Mohn

200 ml Milch

80 ml Kaffee

¹⁄₂ ausgekratzte Vanilleschote

1 Splitter Zimtrinde

2 Eier · Salz

40 g Zucker

2 EL Puderzucker

*1 TL abgeriebene unbehan-
delte Zitronenschale*

Außerdem:

flüssige Butter für das Blech

Mehl zum Ausrollen

1 Ei · 1 EL Sahne

Puderzucker zum Bestäuben

1 Für den Hefeteig die Milch in einem kleinen Topf lauwarm (etwa 30 °C) erhitzen. Die Hefe mit den Fingern zerbröckeln und in der Milch auflösen. Die Hefemilch mit dem Mehl, dem Zucker, den Eigelben, dem Likör, 1 Prise Salz, dem Vanillemark und der Zitronenschale mit den Händen oder mit den Knethaken des Handrührgeräts zu einem Teig verkneten. Die weiche Butter hinzufügen und den Teig einige Minuten weiterkneten, bis er geschmeidig ist. Den Teig zu einer Kugel formen und in einer Schüssel mit Frischhaltefolie bedeckt an einem warmen Ort etwa 30 Minuten gehen lassen.

2 Für die Füllung die Äpfel schälen, vierteln, entkernen und in ¹⁄₂ bis 1 cm große Würfel schneiden. Den Mohn in der Mohnmühle oder im Blitzhacker fein mahlen. Mit der Milch und dem Kaffee in einem Topf erhitzen und bei milder Hitze 10 Minuten sanft köcheln lassen. Die Apfelwürfel mit der Vanilleschote und dem Zimt dazugeben, einmal aufkochen lassen, vom Herd nehmen und 10 Minuten abkühlen lassen. Die Vanilleschote und den Zimt wieder entfernen.

3 Die Eier trennen. Die Eiweiße mit 1 Prise Salz und dem Zucker zu einem festen, cremigen Schnee schlagen. Die Eigelbe mit dem Puderzucker und der Zitronenschale hellschaumig schlagen. Die Mohnmasse mit der Eigelbmasse verrühren und den Eischnee unterheben.

4 Den Backofen auf 180 °C vorheizen. Ein Backblech mit flüssiger Butter bestreichen. Den Hefeteig auf der bemehlten Arbeitsfläche dünn zu einem 40 x 40 cm großen Quadrat ausrollen und halbieren. Ein Teigrechteck auf ein sauberes Küchentuch legen. Die Hälfte der Füllung in einem breiten Streifen auf der Längsseite des Teigs verteilen. Dabei an den Schmalseiten je einen 5 cm breiten Rand frei lassen und diesen nach innen einschlagen. Den Strudel mithilfe des Tuchs aufrollen und mit der Naht nach unten auf das Backblech legen. Den zweiten Strudel auf die gleiche Weise herstellen.

5 Das Ei und die Sahne verquirlen. Beide Strudel mit der Ei-Sahne-Mischung bestreichen und im Ofen auf der mittleren Schiene etwa 25 Minuten goldbraun backen. Die Strudel aus dem Ofen nehmen und etwa 30 Minuten abkühlen lassen. In Stücke schneiden und mit Puderzucker bestäuben.

Die Rezepte der Fernsehfolgen im Buch

SÜDTIROL

Kastaniensuppe mit gerösteten Vinschgerlwürfeln,
Seite 136
Bozener Herrengröstl, Seite 142
Schlutzkrapfen, Seite 140

SALZBURGER LAND (2)

Lungauer Kartoffelsuppe (Lungauer Eachtlingssuppe),
Seite 118
Pongauer Fleischkrapfen, Seite 122
Gefüllte Rinderroulade, Seite 124

ALLGÄU (2)

Käsespätzle, Seite 83
Pochierte Lechtalforelle mit Kartoffelchips, Seite 84
Allgäuer Schnitzel mit Buttermilchremoulade, Seite 86

FRANKEN (2)

Gedämpfter Karpfen auf Bohnenpüree, Seite 19
Altmühltaler Lammrücken mit Kräuterkruste
auf Spargelgemüse, Seite 24
Sauerbraten nach fränkischer Art, Seite 23

OBERBAYERN (3)

FC-Bayern-Salat mit Rindersteak, Seite 100
Gegrillte Schweinshaxe auf Münchner Rahmkraut,
Seite 107

OBERBAYERN (4)

Klare Rindersuppe mit Griesnockerln und Feldsalat-Pesto,
Seite 103
Gerolltes Münchner Schnitzel mit Kohlrabigemüse,
Seite 110
Prinzregentenkücherl, Seite 114

OBERPFALZ (2)

Lauwarmer Spargelsalat mit gebratenen Regensburgern,
Seite 35
Kartoffelgulasch mit Bauernseufzern, Seite 38
Scheiterhaufen mit Böhmischem Wind, Seite 52

NIEDERBAYERN (2)

Bayerwald-Forelle mit Kartoffel-Buttermilchsauce,
Seite 42
Pichelsteiner, Seite 37
Passauer Goldhauben, Seite 51

MAINFRANKEN (2)

Flusskrebssuppe, Seite 18
Fränkischer Zwiebelkuchen, Seite 14
Terrine vom geräucherten Aal mit Kartoffeln, Seite 13

BAYERISCH SCHWABEN (2)

Rote-Bete-Carpaccio mit Surhaxe und Blumenkohl-
Vinaigrette, Seite 62
Rostbraten mit Kartoffelgratin, Seite 68
Zwetschgendatschi, Seite 71

Sehen Sie Alfons Schuhbeck über die Schulter, wie er der regionalen Küche seine persönliche Note verleiht.

Überall in Bayern und in der näheren Nachbarschaft gibt es kulinarische Sensationen. Alfons Schuhbeck stellt sie vor, probiert sie aus und interpretiert sie vor allen Dingen neu.

Die Doppel-DVD zur Sendung enthält 10 Folgen von »Schuhbecks – Meine Küche der Regionen« sowie ein Booklet mit den kompletten Zutatenlisten.

Im Handel erhältlich.